달콤한

SENTENCE WRITING

3
LEVEL

달곰한 SENTENCE WRITING

영어 문해력을 키우기 위해 기획된 첫 번째 달곰한 LITERACY Reading에 이어 두 번째 시리즈로 Sentence Writing를 선보입니다. 이 교재는 어려운 문법 중심이 아니라, 문장의 뼈대를 따라 자연스럽게 확장되는 문장 쓰기 과정에 초점을 맞추었습니다. 처음 영어를 접하는 아이들에게는 생소한 문법 용어보다는 영어의 어순에 먼저 익숙해지게 하는 것이 쓰기 학습에 효과적이기 때문입니다.

이 시리즈는 총 6권으로 구성되어 있으며 **LEVEL 1~3은 초등 교육과정의 기본문과 의문문, LEVEL 4~6은 중학교 과정의 복문(문장과 문장이 이어진 문장)까지 확장하여 쓸 수 있도록 단계적으로 설계했습니다.** 아이의 수준에 따라 중간부터 시작하셔도 되지만, **기본문부터 실력을 차근차근 쌓을 수 있도록 LEVEL 1부터 시작하시는 것을 권합니다.**

단계	학습 목표	문법 항목 기준
LEVEL ❶	'누가+무엇을 하다'의 기본 문장을 정확하게 만들 수 있다.	1~3문형
LEVEL ❷	기본 문장에 '어떻게' '어디에서' '언제' 등의 말을 붙여 문장을 확장할 수 있다.	2~5문형과 기타 문장
LEVEL ❸	다양한 질문을 만들고 질문에 대답할 수 있다.	의문문
LEVEL ❹	구체적인 시간과 뉘앙스를 살려 상황에 딱 맞는 문장을 만들 수 있다.	시제, 조동사, 수동태
LEVEL ❺	동사를 명사, 형용사, 부사처럼 변신시켜 긴 문장을 만들 수 있다.	준동사
LEVEL ❻	이어주는 말을 사용해 문장과 문장을 자연스럽게 연결할 수 있다.	접속사, 관계대명사

쓰기는 미룰수록 더 어려워집니다. **중학교 수행평가와 서술형이 우리 아이들의 당면 과제가 되기 전에, 쉬운 문장부터 시작하는 문장 중심 커리큘럼으로 영어 쓰기의 기초를 다져 보세요.** 이 교재가 아이의 영어 쓰기에 대한 부담을 덜고 '가능성'을 열어 주는 시작이 될 것입니다.

목차

구성 및 활용법

LEARN

❶ Title Sentence

각 레벨의 유닛 제목 문장은 익숙한 스토리에 기반하였습니다.
LEVEL 3은 <잭과 콩나무>를 소개하고 있습니다.

❷ 목표 문장 확인

핵심 문장 구조에 대한 설명을 읽으며 개념을 익히세요. QR코드를 통해 짧은 강의도 볼 수 있어요.

❸ Word Bank

주제별로 제시된 어휘를 이미지와 맞춰보며 의미를 점검하세요. 모르는 단어가 많다면 교재 뒷부분의 어휘 리스트를 먼저 학습한 뒤, 문제를 풀어보세요.

BUILD

❹ STEP 1: 문장 익히기

문장 성분별로 나눠진 블록을 보며 우리말을 영어로 써 보세요.
블록을 따라가며 쓰면 자연스럽게 문장을 완성할 수 있습니다.

❺ STEP 2: 문장 만들기

이제 한 단계 확장하여 스스로 완전한 문장을 만들어 볼 차례입니다.
어려운 어휘는 Word Bank에 제시되어 있으니 참고하며 스스로 써 보세요.

STRETCH

❻ STEP 3: 문장 확장하기

기본 분상 구조를 익혔다면, 이제 문장을 변형하고 확장할 차례입니다.
문장 변형에 필요한 짤막한 문법 지식을 읽고 문장에 적용해 보세요.

❼ 서술형

맥락 속에서 제시된 짧은 실용문을 읽으며 서술형 문제에 대비하세요.

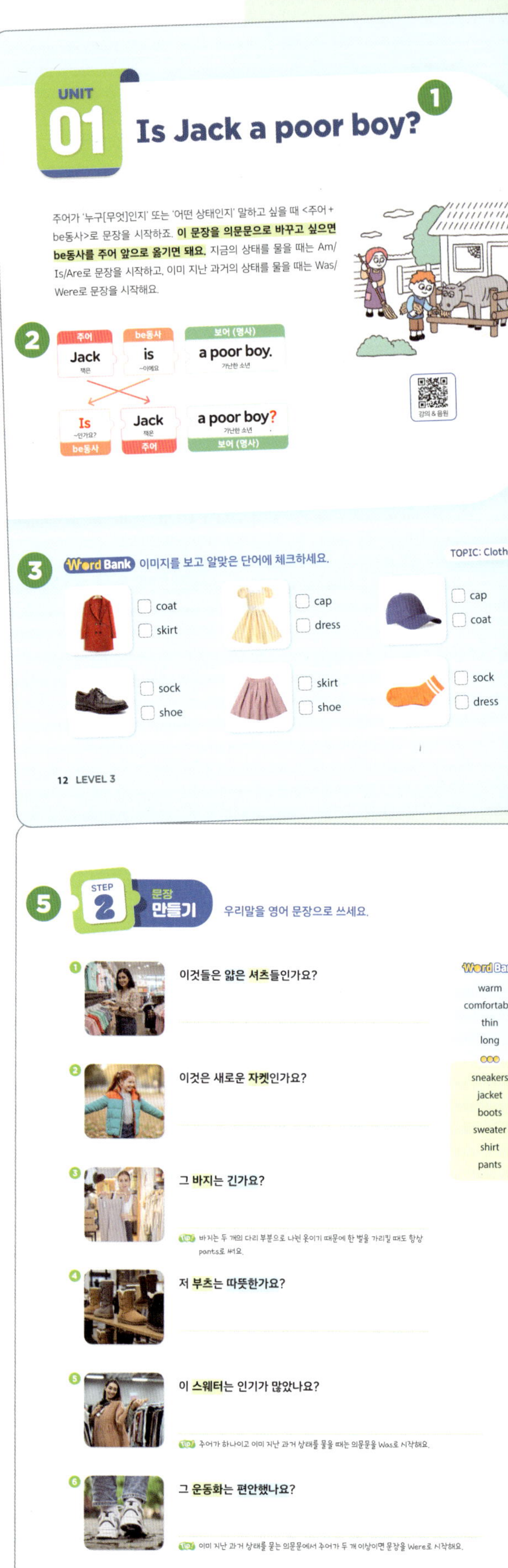

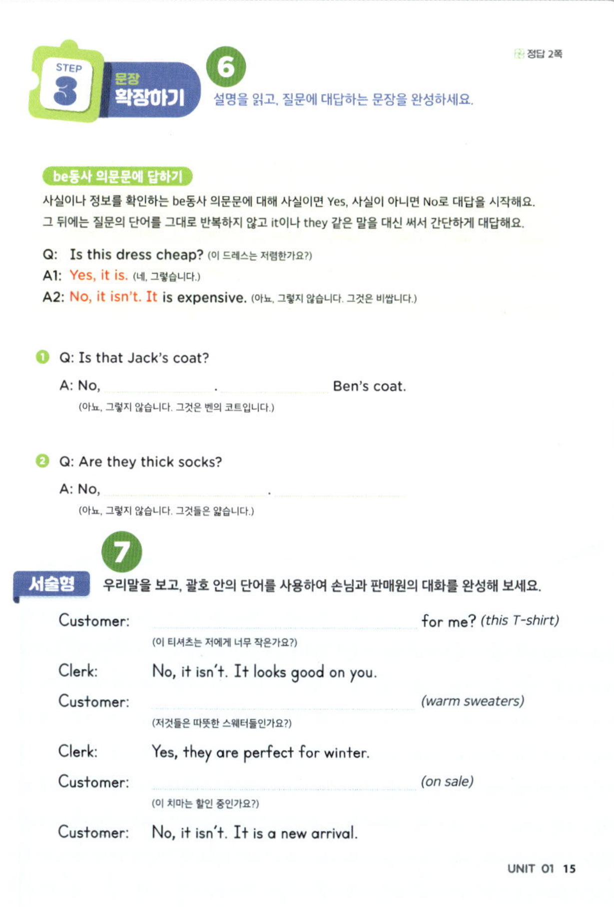

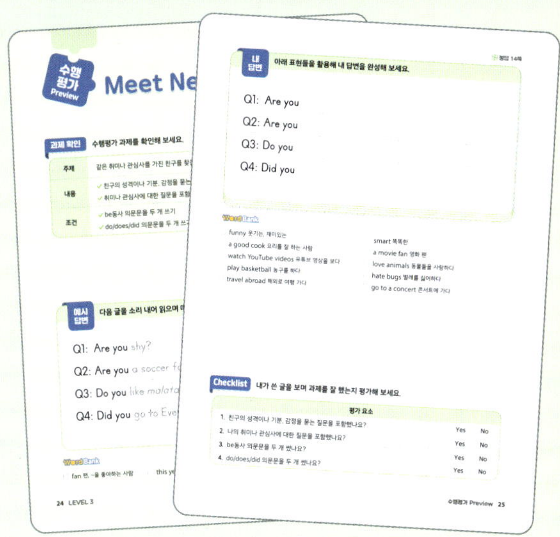

수행평가 Preview

간단한 유형의 중학교 수행평가 과제를 작성해 보며 수행평가를 미리 준비할 수 있어요.

누적 테스트

앞서 배운 문장 구조와 어휘를 누적해서 점검할 수 있도록 누적 테스트를 추가로 제공합니다.

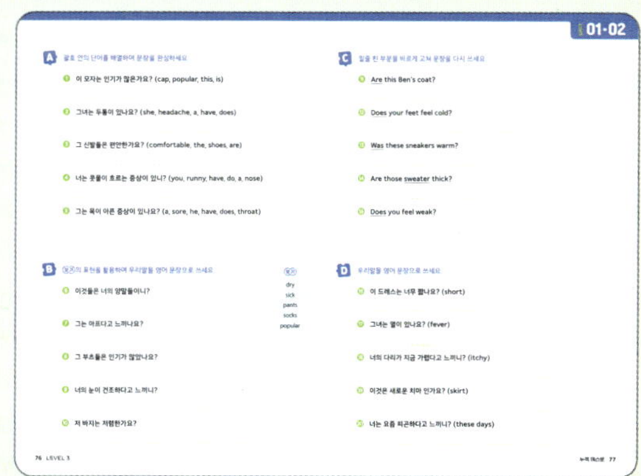

어휘 리스트

Word Bank의 어휘를 모아서 확인할 수 있어요.

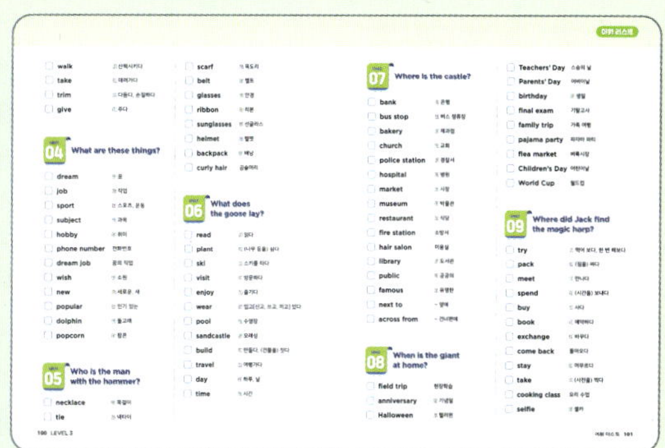

전권 커리큘럼

LEVEL **①**~**③**은 초등 교육과정에 기반한 기본 문장 구조를 다루고 있습니다. 이 커리큘럼은 선생님과 학부모님들의 이해를 돕기 위해 문법 용어를 중심으로 정리한 것이며, 아이들에게 문법 개념을 직접 인식시킬 필요는 없습니다.

LEVEL 1

UNIT 01	주어 + 동작 동사
UNIT 02	주어 + 동작 동사 + 목적어
UNIT 03	주어 + 동작 동사 + (목적어) +부사
UNIT 04	주어 + be동사 + 보어 (명사)
UNIT 05	주어 + be동사 + 보어 (형용사)
UNIT 06	주어 + be동사 + 부사구 (장소)
UNIT 07	주어 + 동작 동사 + 부사구 (시간)
UNIT 08	주어 + 동작 동사 + 부사구 (장소)
UNIT 09	주어 + 동작 동사 + 부사구 (장소) + 부사구 (방법)
UNIT 10	대명사 it/they
UNIT 11	지시대명사 this/that
UNIT 12	지시형용사 this/that

LEVEL 2

UNIT 01	주어 + 빈도 부사 + 동작 동사 (+ 목적어)
UNIT 02	주어 + 동작 동사 + 목적어 + 부사구 (장소)
UNIT 03	주어 + 동작 동사 + 목적어 + 부사구 (장소) + 부사구 (시간)
UNIT 04	주어 + 동작 동사 + 사람 목적어 + 사물 목적어
UNIT 05	주어 + 동작 동사 + 목적어 + 보어 (형용사)
UNIT 06	주어 + 동작 동사 + 목적어 + 보어 (명사)
UNIT 07	주어 + look + 보어 (형용사)
UNIT 08	주어 + smell[taste] + 보어 (형용사)
UNIT 09	주어 + get + 보어 (형용사)
UNIT 10	It + be동사+ 날씨 관련 형용사
UNIT 11	There + be동사 + 명사 + 부사구 (장소)
UNIT 12	동작 동사 + 목적어

LEVEL 3

UNIT 01	be동사 의문문
UNIT 02	do동사 의문문
UNIT 03	did동사 의문문
UNIT 04	<What + be동사> 의문문
UNIT 05	<Who + be동사> 의문문
UNIT 06	<What/Who + do동사> 의문문
UNIT 07	<Where + be동사> 의문문
UNIT 08	<When + be동사> 의문문
UNIT 09	<Where/When + do동사> 의문문
UNIT 10	<How + be동사> 의문문
UNIT 11	<How + do동사> 의문문
UNIT 12	<Why + be/do동사> 의문문

LEVEL **4**~**6**은 중등 교육과정에 기반해 시제부터 시작해 준동사의 활용, 문장과 문장을 연결하는 복문까지 다루고 있습니다. 문법서에서 관련 내용을 참고하실 수 있도록 문법 용어 중심으로 정리하였습니다.

● LEVEL 2에서 배운 문장 구조예요. 예문을 보고, 해당하는 문장 구조에 번호를 쓰세요.

① She makes us happy.
② She makes us pasta.
③ She often makes pasta.
④ She makes pasta at home.
⑤ She makes pasta at home on weekends.
⑥ She calls us big eaters.

1 주어 ▸ 빈도 부사 ▸ 동사 ▸ 목적어 (   )

2 주어 ▸ 동사 ▸ 목적어 ▸ 부사구 (장소) (   )

3 주어 ▸ 동사 ▸ 목적어 ▸ 부사구 (장소) ▸ 부사구 (시간) (   )

4 주어 ▸ 동사 ▸ 목적어 (사람) ▸ 목적어 (사물) (   )

5 주어 ▸ 동사 ▸ 목적어 ▸ 보어 (형용사) (   )

6 주어 ▸ 동사 ▸ 목적어 ▸ 보어 (명사) (   )

● 예문을 보고, 해당하는 문장 구조에 번호를 쓰세요.

⑦ It is cold today.
⑧ Eat the soup.
⑨ The soup looks delicious.
⑩ The soup smells delicious.
⑪ The soup got cold.
⑫ There is soup on the table.

7 주어 〉 look 〉 보어 (형용사)   (   )

8 주어 〉 smell 〉 보어 (형용사)   (   )

9 주어 〉 get 〉 보어 (형용사)   (   )

10 It 〉 be동사 〉 보어 (형용사) 〉 부사   (   )

11 There 〉 be동사 〉 주어 〉 부사구 (장소)   (   )

12 동사 〉 목적어   (   )

정답 **1** ③ **2** ④ **3** ⑤ **4** ② **5** ① **6** ⑥
7 ⑨ **8** ⑩ **9** ⑪ **10** ⑦ **11** ⑫ **12** ⑧

"
영어 문장 쓰기,
함께 시작해보자!
"

1

일반 의문문

'피자 좋아하세요?'처럼 상대방에게 질문을 하여 대답을 요구하는 문장을 의문문이라고 해요. 우리말에서 의문문은 문장 끝을 '~인가요?, ~하나요?'로 바꾸면 돼요. 하지만, 영어 의문문에서는 <주어+동사>의 순서가 바뀌어 동사가 주어보다 먼저 와야 해요. 사실 여부를 묻는 일반 의문문부터 알아보아요.

Is Jack a poor boy?

주어가 '누구[무엇]인지' 또는 '어떤 상태인지' 말하고 싶을 때 <주어 + be동사>로 문장을 시작하죠. **이 문장을 의문문으로 바꾸고 싶으면 be동사를 주어 앞으로 옮기면 돼요.** 지금의 상태를 물을 때는 Am/Is/Are로 문장을 시작하고, 이미 지난 과거의 상태를 물을 때는 Was/Were로 문장을 시작해요.

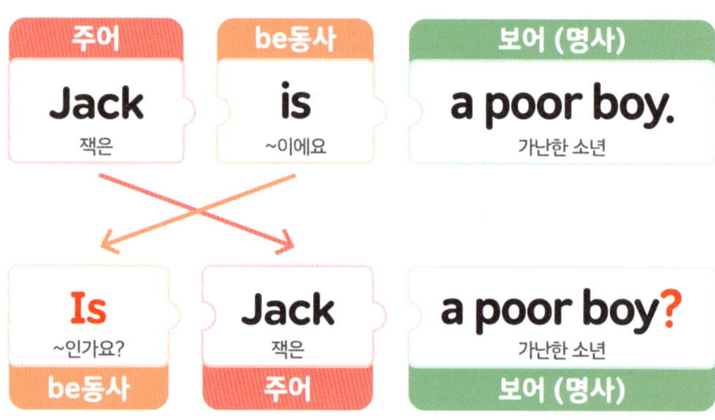

강의 & 음원

Word Bank 이미지를 보고 알맞은 단어에 체크하세요.　　TOPIC: Clothes

- ☐ coat
- ☐ skirt

- ☐ cap
- ☐ dress

- ☐ cap
- ☐ coat

- ☐ sock
- ☐ shoe

- ☐ skirt
- ☐ shoe

- ☐ sock
- ☐ dress

우리말을 보고 영어 문장을 완성하세요.

be동사	주어	보어 (명사)

1 ☐ ☐ ☐ ?
~인가요? 그것은 모자

Tip! 한 개의 사물을 가리킬 때는 주어로 it을 써요.

2 ☐ ☐ ☐ ?
~인가요? 이것은 드레스

Tip! 가까이 있는 한 개의 대상은 주어로 this를, 가까운 여러 개의 대상은 these를 써요.

3 ☐ ☐ ☐ ?
~인가요? 이것들은 양말들

Tip! 주어가 여러 개일 때는 be동사 are를 써야 해요.

be동사	주어	보어 (형용사)

회색으로 표시된 부분은 따라 쓰며 문장을 완성하세요.

4 ☐ ☐ short ?
~하나요? 그 치마는 짧은

5 ☐ ☐ popular ?
~하나요? 저 코트는 인기가 많은

Tip! 멀리 있는 한 개의 대상을 가리킬 때는 명사 앞에 that를, 멀리 있는 여러 개의 대상을 가리킬 때는 those를 써요.

6 ☐ ☐ cheap ?
~하나요? 저 신발들은 저렴한

우리말을 영어 문장으로 쓰세요.

1 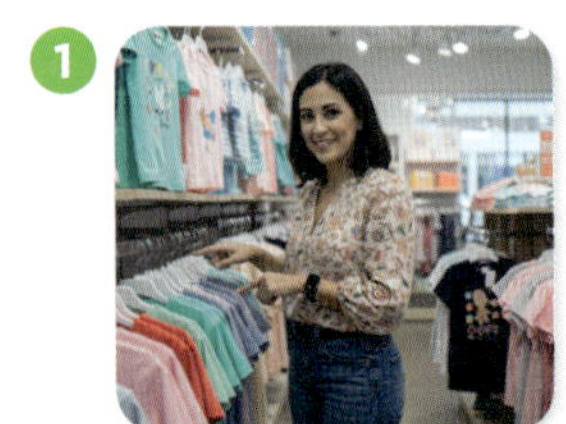

이것들은 얇은 **셔츠**들인가요?

____

2

이것은 새로운 **자켓**인가요?

____

3 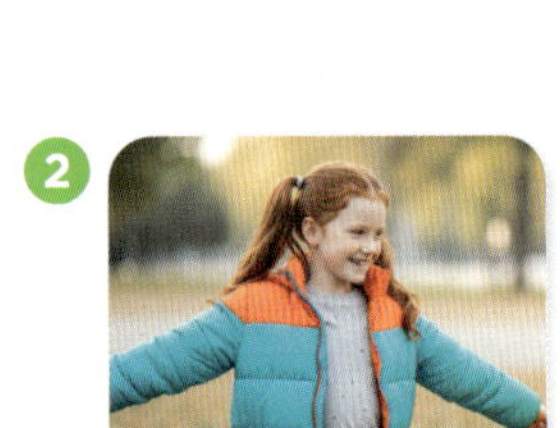

그 **바지**는 긴가요?

____

Tip! 바지는 두 개의 다리 부분으로 나뉜 옷이기 때문에 한 벌을 가리킬 때도 항상
pants로 써요.

4 

저 **부츠**는 따뜻한가요?

____

5 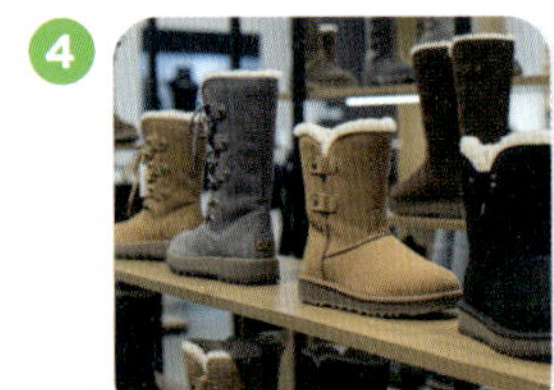

이 **스웨터**는 인기가 많았나요?

____

Tip! 주어가 하나이고 이미 지난 과거 상태를 물을 때는 의문문을 Was로 시작해요.

6  

그 **운동화**는 편안했나요?

____

 **Tip!** 이미 지난 과거 상태를 묻는 의문문에서 주어가 두 개 이상이면 문장을 Were로 시작해요.

Word Bank

warm
comfortable
thin
long

sneakers
jacket
boots
sweater
shirt
pants

설명을 읽고, 질문에 대답하는 문장을 완성하세요.

be동사 의문문에 답하기

사실이나 정보를 확인하는 be동사 의문문에 대해 사실이면 Yes, 사실이 아니면 No로 대답을 시작해요.
그 뒤에는 질문의 단어를 그대로 반복하지 않고 it이나 they 같은 말을 대신 써서 간단하게 대답해요.

Q: **Is this dress cheap?** (이 드레스는 저렴한가요?)
A1: **Yes, it is.** (네, 그렇습니다.)
A2: **No, it isn't. It is expensive.** (아뇨, 그렇지 않습니다. 그것은 비쌉니다.)

1 Q: Is that Jack's coat?

A: No, ________________. ________________ Ben's coat.

(아뇨, 그렇지 않습니다. 그것은 벤의 코트입니다.)

2 Q: Are they thick socks?

A: No, ________________. ________________

(아뇨, 그렇지 않습니다. 그것들은 얇습니다.)

서술형

우리말을 보고, 괄호 안의 단어를 사용하여 손님과 판매원이 대화를 완성해 보세요.

Customer: ________________ for me? (*this T-shirt*)

(이 티셔츠는 저에게 너무 작은가요?)

Clerk: No, it isn't. It looks good on you.

Customer: ________________ (*warm sweaters*)

(저것들은 따뜻한 스웨터들인가요?)

Clerk: Yes, they are perfect for winter.

Customer: ________________ (*on sale*)

(이 치마는 할인 중인가요?)

Customer: No, it isn't. It is a new arrival.

Do you have some food?

지금의 사실이나 반복적으로 하는 행동에 대해 사실 여부를 물을 때는 do동사인 Do나 Does로 의문문을 시작해요. 주어가 I, you, we, they 또는 여럿이면 Do를 써요. 그리고 주어가 he, she, it처럼 '나, 너'가 아닌 다른 하나이면 Does를 써요. 이때 주어 뒤에 오는 동사는 원래 모양인 기본형으로 써야 해요.

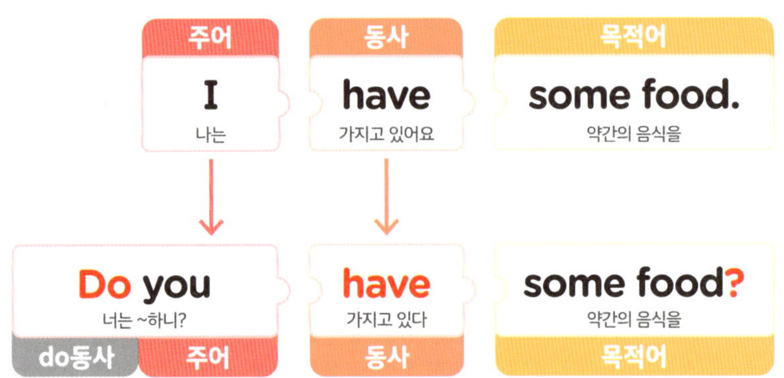

강의 & 음원

- [ ] headache
- [ ] sore

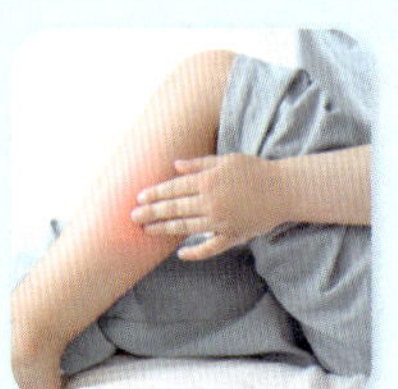
- [ ] cough
- [ ] sore

- [ ] itchy
- [ ] cough

- [ ] toothache
- [ ] fever

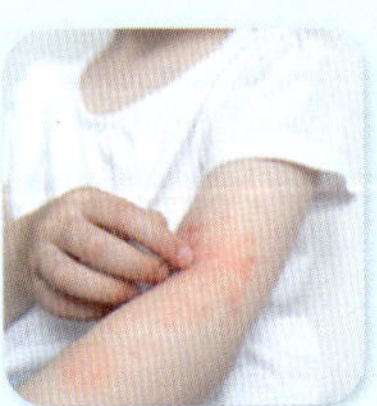
- [ ] itchy
- [ ] headache

- [ ] fever
- [ ] toothache

Word Bank 이미지를 보고 알맞은 단어에 체크하세요.　　　　TOPIC: Illness

Tip! ache는 '통증'이란 뜻이에요. head, tooth처럼 몸의 일부를 나타내는 명사 뒤에 붙어 해당 부위의 통증을 나타내요.

우리말을 보고 영어 문장을 완성하세요.

do동사	주어	동사	목적어

1 [ ] [ ] [ ] ?
너는 ~하니?   있다   기침이

Tip! 동사 have는 '가지다' 외에 '(병이나 증상이)있다'라는 뜻으로도 쓰여요.

2 [ ] [ ] [ ] ?
너는 ~하니?   있다   열이

3 [ ] [ ] [ ] ?
그는 ~하나요?   있다   두통이

4 [ ] [ ] [ ] ?
그녀는 ~하나요?   있다   치통이

do동사	주어	동사	보어 (형용사)

5 [ ] [ ] [ ] ?
너의 다리는 ~하니?   ~라고 느끼다   쑤시는

Tip! 영어에서는 신체 증상을 표현할 때 주어로 몸의 일부를 자주 써요.

6 [ ] [ ] [ ] ?
너의 팔은 ~하니?   ~라고 느끼다   가려운

Word Bank

dry
feet
the flu
runny nose
stomachache
sore throat

1  그녀는 **독감**에 걸렸나요?

....

2  너는 **복통**이 있니?

....

3  그는 **목이 아픈** 증상이 있나요?

....

Tip! 형용사 sore는 '(너무 많이 쓰거나 감염되어) 아픈, 따가운'이란 뜻으로 목이 아플 때도 사용해요.

4 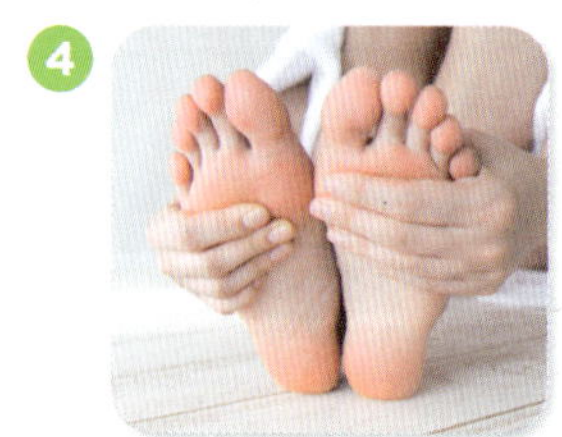 너의 **발**이 지금 차갑다고 느끼니?

.... now?

5  너의 눈이 요즘 **건조하다고** 느끼니?

.... these days?

6  너의 딸은 **콧물이 흐르는** 증상이 있니?

....

Tip! 형용사 runny는 '(감기 등으로) 콧물이 흐르는'이란 뜻이에요.

STEP 3 문장 확장하기

설명을 읽고, 질문에 대답하는 문장을 완성하세요.

Do/Does 의문문에 답하기

Do/Does로 시작하는 질문에 대답할 때도 긍정이면 Yes, 부정이면 No로 문장을 시작하면 돼요. 그 뒤에 긍정의 대답에는 do/does, 부정의 대답에는 don't(=do not)나 doesn't(=does not)를 써요.

Q: **Does he** have a toothache? (그는 치통이 있나요?)
A1: **Yes, he does.** (네, 그래요.)
A2: **No, he doesn't.** He feels better. (아뇨, 그렇지 않아요. 그는 더 좋아졌어요.)

1 Q: Do they often have a cold?

A: Yes, _______________________ .

(네, 그래요.)

2 Q: Does your throat feel sore?

A: No, _______________________ .

(아뇨, 그렇지 않아요.)

서술형

우리말을 보고, 괄호 안의 단어를 사용하여 동아리 모집 글을 완성해 보세요.

_________________________________ *(tired)*

(여러분은 피곤하다고 느끼시나요?)

_________________________________ *(weak)*

(여러분은 기운이 없다고 느끼시나요?)

_________________________ **these days?** *(often, cold)*

(여러분은 요즘 자주 감기에 걸리시나요?)

Then visit our jump rope class!

Did you sell the cow?

이미 지난 일이나 과거에 했던 행동에 대해 사실 여부를 물을 때는 do동사의 과거형인 did를 사용해 <Did + 주어 + 동사~?>의 순서로 써요. 이때 주어가 누구든 똑같이 Did를 쓰고 주어 뒤에 따라오는 동사는 원래 모양인 기본형으로 써야 해요.

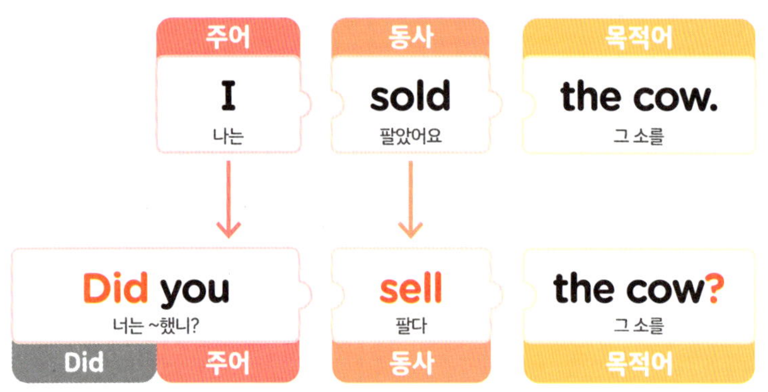

강의 & 음원

Word Bank 이미지를 보고 알맞은 단어에 체크하세요.   TOPIC: Pets

☐ brush
☐ train

☐ clean
☐ fill

☐ bathe
☐ fill

☐ clean
☐ train

☐ bathe
☐ feed

☐ brush
☐ feed

우리말을 보고 영어 문장을 완성하세요.

Did	주어	동사	목적어

1 | | | | ?

너는 ~했니? / 먹이를 주다 / 너의 물고기에게

Tip! feed(~에게 먹이를 주다)는 바로 뒤에 목적어를 쓸 수 있는 동사예요.

2 | | | | ?

너는 ~했니? / 훈련시키다 / 너의 개를

3 | | | | ?

그는 ~했나요? / 빗질해 주다 / 그의 고양이를

4 | | | the doghouse | ?

그는 ~했나요? / 청소하다 / 그 개집을

5 | | | the water bowl | ?

그녀는 ~했나요? / 채우다 / 그 물그릇을

6 | | | her pet | ?

그녀는 ~했나요? / 씻겨 주다 / 그녀의 반려동물을

1 

너는 그 새장을 청소했니?

____

2 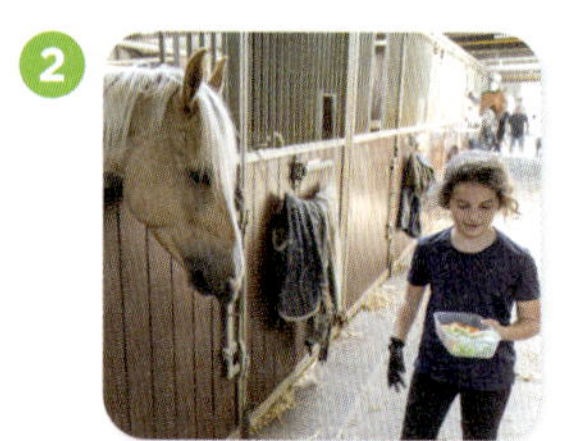

그녀는 그 말에게 먹이를 주었나요?

____

3 

그는 그의 개를 **산책시켰나요?**

____

Tip! walk는 '걷다' 외에 '(동물을) 산책시키다'라는 뜻도 있어요.

4 

그녀는 그녀의 개의 **손톱들을 다듬어 주었나요?**

____

Tip! '~의'라는 소유의 뜻을 나타낼 때는 명사 뒤에 's를 붙여요.

5 

너는 너의 햄스터에게 간식을 **주었니?**

____

Tip! treat가 명사로 쓰이면 '(특별한) 간식'이란 뜻을 나타내요.

6 

그는 그의 고양이를 그 **수의사에게 데려갔나요?**

____

Tip! take는 목적어 뒤에 '데려가는 목적지'를 나타내는 to 부사구가 자주 따라와요.

Word Bank

a treat
vet
nail
horse
hamster
cage

walk
take
trim
give

설명을 읽고, 질문에 대답하는 문장을 완성하세요.

Did 의문문에 답하기

이미 지난 일에 대해 질문할 때는 주어가 누구든 모두 Did로 문장을 시작해요. 대답할 때도 긍정이면 <Yes, 주어 + did.>, 부정이면 <No, 주어 + didn't.>를 사용해 대답하면 돼요.

Q: **Did you feed** your cat? (너는 너의 고양이한테 먹이를 주었니?)
A1: **Yes, I did.** (네, 주었어요.)
A2: **No, I didn't.** I was busy. (아뇨, 주지 않았어요. 저는 바빴어요.)

1 Q: Did she take her dog outside?

A: No, _______________________. She forgot.

(아뇨, 데려가지 않았어요. 그녀는 잊어버렸어요.)

2 Q: Did they have fun at the zoo?

A: Yes, _______________________.

(네, 그랬어요.)

서술형

괄호 안의 단어를 사용하여 반려동물에 관한 대화를 완성해 보세요.

Mom: _______________________ (the bird)

Son: No, I didn't. I will feed her later.

Mom: _______________________ (the cage)

Son: No, I didn't. I will clean it tomorrow.

Mom: You are not busy. Do it now!

Meet New Friends!

 수행평가 과제를 확인해 보세요.

주제	같은 취미나 관심사를 가진 친구를 찾는 질문 만들기
내용	✔ 친구의 성격이나 기분, 감정을 묻는 질문을 포함하기 ✔ 취미나 관심사에 대한 질문을 포함하기
조건	✔ be동사 의문문을 두 개 쓰기 ✔ do/does/did 의문문을 두 개 쓰기

 다음 글을 소리 내어 읽으며 따라 써 보세요.

Q1: Are you shy?

Q2: Are you a soccer fan?

Q3: Do you like malatang?

Q4: Did you go to Everland this year?

Word Bank

☐ fan 팬, ~을 좋아하는 사람 ☐ this year 올해

내 답변

아래 표현들을 활용해 내 답변을 완성해 보세요.

Q1: Are you

Q2: Are you

Q3: Do you

Q4: Did you

Word Bank

- [ ] funny 웃기는, 재미있는
- [ ] a good cook 요리를 잘 하는 사람
- [ ] watch YouTube videos 유튜브 영상을 보다
- [ ] play basketball 농구를 하다
- [ ] travel abroad 해외로 여행 가다

- [ ] smart 똑똑한
- [ ] a movie fan 영화 팬
- [ ] love animals 동물들을 사랑하다
- [ ] hate bugs 벌레를 싫어하다
- [ ] go to a concert 콘서트에 가다

Checklist

내가 쓴 글을 보며 과제를 잘 했는지 평가해 보세요.

평가 요소		
1. 친구의 성격이나 기분, 감정을 묻는 질문을 포함했나요?	Yes	No
2. 나의 취미나 관심사에 대한 질문을 포함했나요?	Yes	No
3. be동사 의문문을 두 개 썼나요?	Yes	No
4. do/does/did 의문문을 두 개 썼나요?	Yes	No

Hidden Pictures

미국에서는 집에서 쓰지 않는 물건을 파는 Garage Sale(차고 세일)을 자주 해요. 장난감, 책, 옷과 같은 물건에 가격표를 붙이고 차고(garage) 앞이나 마당에서 팔아요. 주로 주말에 열리고, 이웃들이 와서 구경하며 물건을 사요. 차고 세일은 물건을 팔기도 하지만 이웃과 어울리는 즐거운 시간이기도 해요.

- **아래 그림에서 숨겨진 물건들을 찾아 보세요.**

숨은 그림: *glasses, skirt, watch, cap, boot*

2

What·Who 의문문

질문을 할 때는 단순히 사실을 확인하기도 하지만, 구체적인 정보를 물어볼 때도 있어요. 이럴 때 사용하는 말이 의문사예요. 의문사란 '누가, 언제, 어디서, 무엇을, 어떻게, 왜'와 같은 말이에요. 그중에서도 가장 많이 쓰이는 '무엇'을 뜻하는 what과 '누구'를 뜻하는 who에 대해 배워볼 거예요.

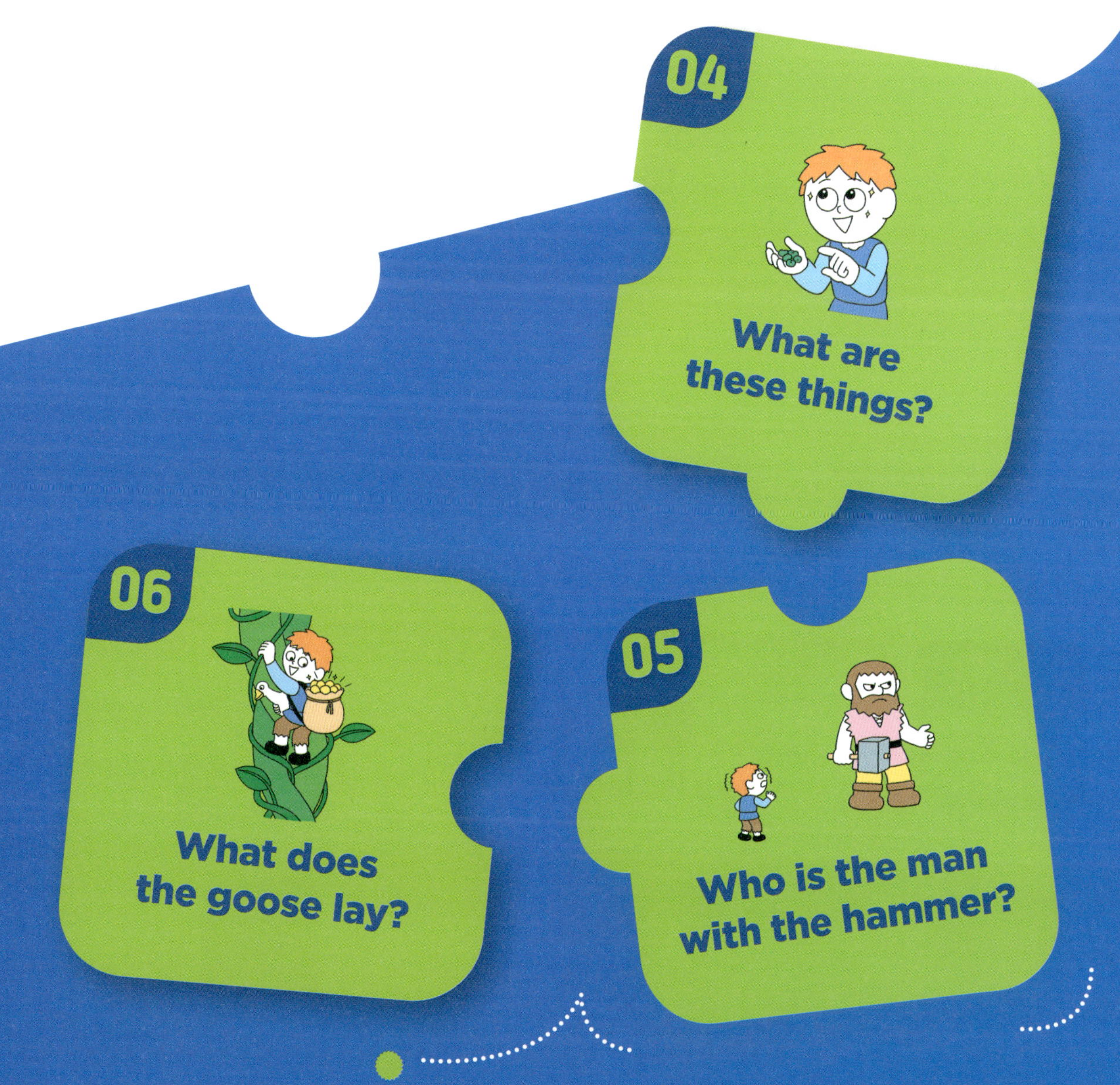

UNIT 04
What are these things?

‘무엇’이란 뜻의 what은 어떤 대상이나 일에 대해 구체적으로 물어볼 때 사용해요. what을 이용해서 질문을 만들 때는 what을 맨 먼저 쓰고 그 다음에 be동사 의문문의 순서를 그대로 따라 쓰면 돼요. 이미 지난 일에 대해 물을 때는 What was/were로 문장을 시작해요.

Word Bank 이미지를 보고 알맞은 단어에 체크하세요.　　　　TOPIC: Introducing Myself

- [ ] hobby
- [ ] dream

- [ ] job
- [ ] sport

- [ ] sport
- [ ] phone number

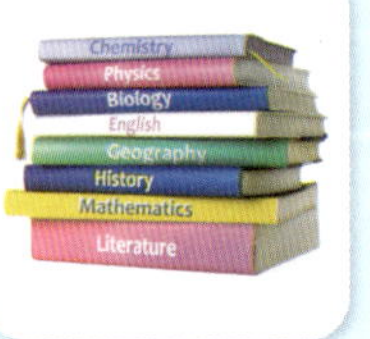
- [ ] subject
- [ ] dream

- [ ] hobby
- [ ] subject

- [ ] job
- [ ] phone number

우리말을 보고 영어 문장을 완성하세요.

의문사	be동사	주어

1 ___ ___ ___ ?

무엇 이니? 너의 직업은

Tip! 문장의 주어가 your job이므로 이에 알맞은 be동사를 써야 해요.

2 ___ ___ ___ ?

무엇 이니? 너의 전화번호는

3 ___ ___ ___ ?

무엇 이니? 너희들의 꿈들은

Tip! 문장의 주어가 여럿이므로 이에 알맞은 be동사를 써야 해요.

4 ___ ___ ___ ?

무엇 이니? 너희들의 취미들은

Tip! hobby처럼 <자음＋y>로 끝나는 명사의 복수형은 -y를 -i로 바꾸고 그 뒤에 -es를 붙여요.

5 ___ ___ ___ ?

무엇 인가요? 그의 가장 좋아하는 스포츠는

Tip! favorite은 '가장 좋아하는'이란 뜻의 형용사로 명사와 짝을 이루어 자주 쓰여요.

6 ___ ___ ___ ?

무엇 인가요? 그녀의 가장 좋아하는 과목은

우리말을 영어 문장으로 쓰세요.

1 

너의 **소원**은 무엇이니?

2 

그녀의 가장 좋아하는 간식은 무엇인가요?

3 

그의 가장 좋아하는 책들은 무엇인가요?

4 

너의 **가장 새로운** 장난감은 무엇이니?

Tip! newest는 '가장 새로운'이란 뜻으로, 형용사 뒤에 -est가 붙으면 '가장 ~한'이라는 의미가 돼요.

5 

한국에서 **가장 인기가 많은** 스포츠는 무엇인가요?

_______________________________ in Korea?

Tip! '가장 ~한'이라는 의미를 나타낼 때, 형용사의 길이가 길면 그 앞에 the most를 붙여요.

6 

5년 전에 너의 **꿈의 직업**은 무엇이었니?

_______________________________ 5 years ago?

Tip! 주어가 하나이고, 이미 지나간 일을 물을 때는 What was로 질문을 시작해요.

STEP 3 문장 확장하기   설명을 읽고, 질문에 대답하는 문장을 완성하세요.

What 의문문에 답하기

'무엇'에 대한 정보를 묻는 What 의문문은 Yes나 No가 아닌 구체적인 내용으로 답해야 해요. 이때 질문 속 명사를 다시 사용해서 문장을 시작하면 쉽게 대답할 수 있어요.

Q: What's <u>your favorite sport</u>? (너의 가장 좋아하는 운동은 무엇이니?)
A: <u>My favorite sport</u> is soccer. (나의 가장 좋아하는 운동은 축구예요.)

Word Bank
dolphin
popcorn

1 Q: What's your favorite snack?

A: ____________________ is ____________________ .

(나의 가장 좋아하는 간식은 **팝콘**이에요.)

2 Q: What's her favorite animal?

A: ____________________ is ____________________ .

(그녀의 가장 좋아하는 동물은 **돌고래**예요.)

서술형   be동사와 보기의 단어를 활용하여 편지를 완성해 보세요.

보기

| favorite | season | color | food |

Dear Eunwoo,
Hello! How are you?

________________________ I love pizza.

________________________ I like mint.

________________________ I love summer.

I hope to hear from you soon!
Jungmin

Who is the man with the hammer?

'누구'라는 뜻의 who는 사람에 대한 정보를 물어볼 때 사용해요. 사람 명사 뒤에 <with + 들고 있거나 몸에 걸친 물건>을 덧붙여 물어보는 사람에 대한 정보를 추가할 수 있어요. 한 사람을 물을 때는 Who is, 여러 사람을 물을 때는 Who are로 문장을 시작한다는 것도 기억해 두세요.

be동사	주어	보어 (명사)
Is ~인가요?	**the man with the hammer** 망치를 든 그 남자는	**a giant?** 거인

Who 누구 (의문사)	**is** 인가요? (be동사)	**the man with the hammer?** 망치를 든 그 남자는 (주어)

강의 & 음원

Word Bank 이미지를 보고 알맞은 단어에 체크하세요.

TOPIC: Accessories

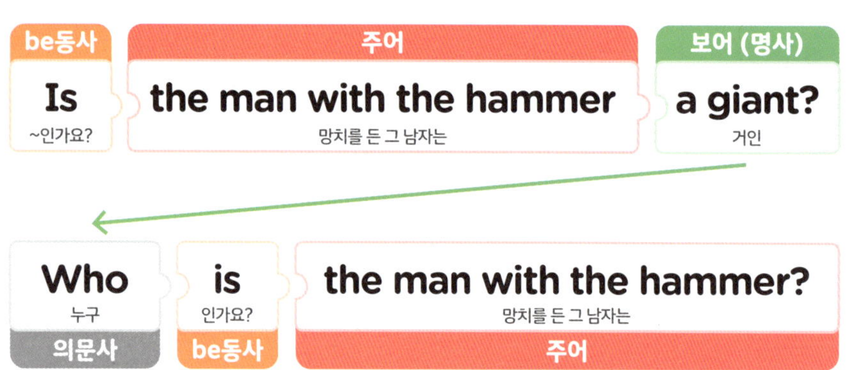

☐ ribbon
☐ necklace

☐ tie
☐ glasses

☐ scarf
☐ belt

☐ tie
☐ belt

☐ necklace
☐ glasses

☐ ribbon
☐ scarf

우리말을 보고 영어 문장을 완성하세요.

의문사	be동사	주어

1 ________ ________ the boy ________ ?
누구 / 인가요? / 그 남자아이는 / 그 안경을 쓴

2 ________ ________ the girl ________ ?
누구 / 인가요? / 그 여자아이는 / 그 리본을 단

3 ________ ________ the man ________ ?
누구 / 인가요? / 그 남자는 / 그 목도리를 한

4 ________ ________ the woman ________ ?
누구 / 인가요? / 그 어자는 / 그 목걸이를 찬

5 ________ ________ the teachers ________ ?
누구 / 인가요? / 그 선생님들은 / 그 넥타이들을 맨

Tip! 주어가 여러 명이기 때문에 tie(넥타이)도 여러 개로 생각해야 해요.

6 ________ ________ the students ________ ?
누구 / 인가요? / 그 학생들은 / 그 갈색 벨트들을 맨

1. 

그 헬멧을 쓴 그 남자아이는 누구인가요?

__________________ with __________________ ?

Word Bank
sunglasses
helmet
backpack
curly hair

2. 그 빨간 장갑들을 낀 그 남자는 누구인가요?

__________________ with __________________ ?

3. 선글라스를 쓰고 있는 그 여자는 누구인가요?

____

4. 그 꽃들을 들고 있는 그 키 큰 남자는 누구인가요?

____

5. 파란색 배낭들을 메고 있는 그 학생들은 누구인가요?

____

6. 

곱슬머리를 한 그 여자들은 누구인가요?

____

Tip! with 뒤에 머리 모양이나 머리 색깔, 수염 등의 외모적 특징도 올 수 있어요.

STEP 3 문장 **확장하기** 설명을 읽고, 질문에 대답하는 문장을 완성하세요.

Who 의문문에 답하기

누구(who)인지 묻는 질문에 대해 사람의 이름이나 직업, 관계로 대답할 수 있어요. 대답할 때는 질문의 주어를 반복할 필요 없이 he, she, they 등의 대신하는 말(대명사)로 간단하게 답하는 게 좋아요.

Q: **Who is the dancer on stage?** (무대 위의 그 댄서는 누구인가요?)
A: **She is** my friend Lia. (그녀는 나의 친구 Lia예요.)

1 Q: Who is the man with the blue jacket?

A: ＿＿＿＿＿＿＿＿＿＿ Mr. Choi, my teacher.

2 Q: Who are the singers on the TV?

A: ＿＿＿＿＿＿＿＿＿＿ a new idol group.

서술형 조건을 참고하여 아이돌 그룹 멤버와의 인터뷰를 완성해 보세요.

> **조건**
> ▶ Who is ~로 문장을 시작할 것
> ▶ best dancer, main singer, leader를 사용할 것

Interviewer: Nice to meet you. ＿＿＿＿＿＿＿＿＿ of your group?

Idol member: Jake is our leader.

Interviewer: ＿＿＿＿＿＿＿＿＿＿＿＿＿＿

Idol member: Mina is. She sings beautifully.

Interviewer: ＿＿＿＿＿＿＿＿＿＿＿＿＿＿

Idol member: Jane is. She dances really well.

06 What does the goose lay?

what(무엇)과 who(누구) 뒤에 be동사 대신 동작 동사도 올 수 있어요. 이때는 who와 what 뒤에 <do/does/did + 주어 + 동사>의 순서로 와야 해요.

do동사	주어	동사	목적어
Does the goose 그 거위는 ~하나요?		**lay** 낳다	**golden eggs?** 황금알들을

What 무엇을	**does the goose** 그 거위는 ~하나요?	**lay?** 낳다
의문사	do동사 / 주어	동사

W⭐rd Bank 이미지를 보고 알맞은 단어에 체크하세요.

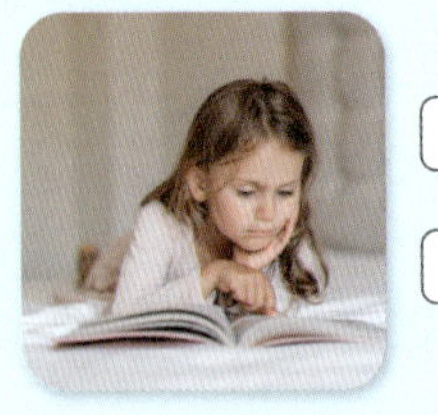
- [ ] read
- [ ] enjoy

- [ ] wear
- [ ] plant

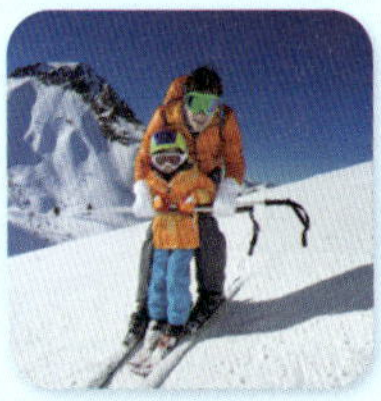

- [ ] ski
- [ ] read

- [ ] plant
- [ ] visit

- [ ] enjoy
- [ ] ski

- [ ] visit
- [ ] wear

우리말을 보고 영어 문장을 완성하세요.

의문사	do동사	주어	동사	부사구 (시간)

1 | | | | in spring | ?
무엇을 / 너는 ~하니? / 심다 / 봄에

2 | | | | in summer | ?
무엇을 / 너는 ~하니? / 입다 / 여름에

3 | | | | in fall | ?
무엇을 / 너는 ~하니? / 읽다 / 가을에

4 | | | | in winter | ?
무엇을 / 그녀는 ~하나요? / 즐기다 / 겨울에

Tip! 주어가 he 또는 she인 경우에 주어 앞에 does를 써요.

5 | | | | on New Year's Day | ?
누구를 / 그는 ~하나요? / 방문하다 / 새해 첫날에

6 | | | with | during winter vacation | ?
누구와 / 그녀는 ~하나요? / 함께 스키를 타다 / 겨울 방학 동안에

Tip! '~ 동안(에)'는 during으로 나타내고, 그 뒤에 기간을 나타내는 명사가 와요.

우리말을 영어 문장으로 쓰세요.

1 

너는 누구와 소풍을 가니?

_______________________ on picnics with?

2 

너는 비 오는 날에 무엇을 하니?

_______________________ on rainy days?

3 

그녀는 눈 오는 날에 누구와 함께 노나요?

_______________________ with on snowy days?

4 

그들은 **수영장** 안에서 무엇을 입었나요?

____

Tip! 이미 한 일을 물을 때는 주어 앞에 did를 써요.

5 

그는 누구와 함께 **모래성들을** 만들었나요?

____

Tip! '~와 함께'라는 뜻의 with는 의문문에서 문장 뒤에 위치하는 것이 자연스러워요.

6 

너는 지난 여름에 누구와 **여행을 갔니?**

____

설명을 읽고, 우리말을 영어 문장으로 쓰세요.

명사를 꾸며주는 What/Whose

what과 whose는 명사를 꾸며주는 역할을 할 수 있어서 <what/whose + 명사>의 형태로도 자주 쓰여요.
whose는 who의 형용사 형태로 '누구의'라는 뜻이에요.

What grade **are you in?** (너는 몇 학년이니?)
Whose bag **is this?** (이것은 누구의 가방이에요?)

1 지금은 몇 시인가요?

______________________ is it now?

Word Bank

day

time

2 오늘은 무슨 요일인가요?

______________________ is it today?

3 그것들은 누구의 선글라스인가요?

______________________ are they?

서술형 괄호 안의 단어를 사용하여 지유의 질문을 완성해 보세요.

Jiyu: ______________________ (what, do)

Jimin: I build a snowman on snowy days.

Jiyu: ______________________ (who, make)

Jimin: I make it with my sister and brother.

An Interview with Your Parents

 수행평가 과제를 확인해 보세요.

주제	부모님의 일상에 대해 질문하기
내용	✔ 부모님의 일, 취미 등에 대한 질문 네 개 포함하기
조건	✔ What 의문문을 한 개 이상 포함하기 ✔ Who 의문문을 한 개 이상 포함하기 ✔ <What + 명사> 혹은 <Whose + 명사> 의문문을 한 개 포함하기

 다음 글을 소리 내어 읽으며 따라 써 보세요.

Q1: **What was your** dream?

Q2: **Who is your** best friend?

Q3: **What do you** do at work?

Q4: What food do you like the most?

Word Bank

- best friend 가장 친한 친구, 단짝 친구
- work 직장, 일
- the most 가장 많이

내 답변 아래 표현들을 활용해 내 답변을 완성해 보세요.

Q1: What is/was your

Q2: Who is your

Q3: What do you

Q4:

Word Bank

- [ ] role model 롤 모델, 존경하는 사람
- [ ] exercise 운동
- [ ] free time 여가 시간
- [ ] wake up 일어나다

- [ ] favorite memory 가장 좋아하는 추억
- [ ] hobby 취미
- [ ] TV show TV 프로그램
- [ ] go to bed 잠자리에 들다

Checklist 내가 쓴 글을 보며 과제를 잘 했는지 평가해 보세요.

평가 요소		
1. 부모님의 일, 취미 등 일상에 관한 질문을 네 개 이상 포함했나요?	☐ Yes	☐ No
2. What과 Who 의문문을 각 한 개 이상 포함 사용했나요?	☐ Yes	☐ No
3. <What + 명사>나 <Whose + 명사> 의문문을 한 개 포함했나요?	☐ Yes	☐ No
4. 대문자, 마침표, 철자가 올바른가요?	☐ Yes	☐ No

Look & Draw

사람을 묘사할 때, 입고 있는 옷이나 가지고 있는 물건 등으로 특징을 나타내는 경우가 많아요. 이때 많이 사용하는 단어는 in과 with입니다. 앞서 in은 시간이나 장소를 나타낼 때 쓰인다고 배웠지만, 몸에 입는 치마, 바지, 셔츠, 신발 등을 나타낼 때도 in을 사용해요. with는 긴 머리, 수염 등의 신체적 특징이나 장갑, 벨트, 스카프, 가방 등 몸에 걸친 소품을 말할 때 사용해요.

1. Who is the man (□ in / □ with) a white beard?

2. Who is the man (□ in / □ with) glasses?

3. Who is the man (□ in / □ with) a red suit?

4. Who is the man (□ in / □ with) boots?

5. Who is the man (□ in / □ with) a golden belt?

6. Who is the man (□ in / □ with) a big bag?

7. WHO IS HE?

정답: 1. with 2. with 3. in 4. in 5. with 6. with 7. Santa Claus

3

Where·When 의문문

where와 when은 각각 장소와 시간을 묻는 의문사예요. 의문사를 문장의 제일 처음에 쓰고, 그 뒤에 be동사나 do동사 (do/does/did)를 써요. 장소나 시간을 물어보는 질문이므로 대답에도 장소나 시간 표현이 들어가야 자연스러워요.

Where is the castle?

'어디에'라는 뜻의 **where**는 사람이나 물건이 있는 위치나 장소를 물어볼 때 쓰는 말이에요. 현재의 위치를 물어볼 때는 <Where + am/is/are + 주어>의 순서로 쓰고, 과거에 있었던 대상의 위치를 물어볼 때는 <Where + was/were + 주어>의 순서로 써요.

be동사	주어	부사구 (장소)
Is	**the castle**	**at the top of the beanstalk?**
있나요?	그 성이	콩나무 줄기의 꼭대기에

Where	**is**	**the castle?**
어디에	있나요?	그 성이
의문사	be동사	주어

강의 & 음원

W●rd Bank 이미지를 보고 알맞은 단어에 체크하세요.

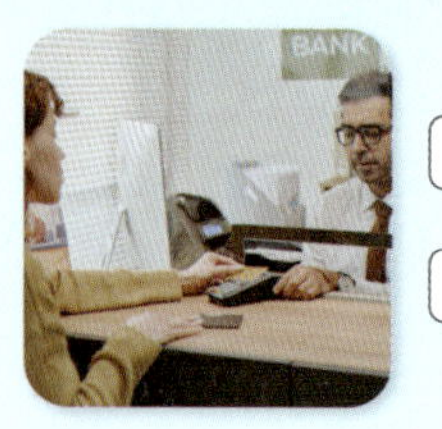
- [ ] church
- [ ] bank

- [ ] hospital
- [ ] bus stop

- [ ] bakery
- [ ] police station

- [ ] church
- [ ] bus stop

- [ ] bank
- [ ] police station

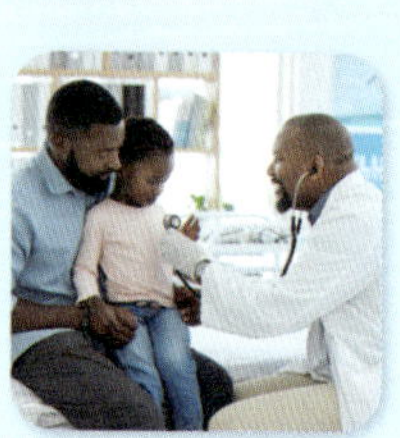
- [ ] hospital
- [ ] bakery

우리말을 보고 영어 문장을 완성하세요.

의문사	be동사	주어

1 ☐ ☐ ☐ ?
어디에 　있나요? 　그 교회는

> **Tip!**
> 장소는 말하는 사람과 듣는 사람이 서로 알고 있는 특정한 곳을 가리킬 때가 많아서 보통 the를 함께 써요.

2 ☐ ☐ ☐ ?
어디에 　있나요? 　그 버스 정류장은

3 ☐ ☐ ☐ ?
어디에 　있나요? 　그 병원은

4 ☐ ☐ ☐ ?
어디에 　있나요? 　그 은행들은

> **Tip!**
> 문장의 주어가 '은행들'로 여러 개이므로 알맞은 be동사를 써야 해요.

5 ☐ ☐ ☐ ?
어디에 　있나요? 　그 제과점들은

> **Tip!**
> bakery와 같이 <자음+y>로 끝나는 명사는 -y를 -i로 바꾸고 그 뒤에 -es를 붙여서 복수형을 나타내요.

6 ☐ ☐ ☐ ?
어디에 　있었나요? 　그 경찰서는

> **Tip!**
> 주어의 수와 과거의 의미에 알맞은 be동사를 써야 해요.

우리말을 보고 영어 문장을 완성하세요.

1 

그 **미용실**은 어디에 있나요?

____

2 

그 **소방서**는 어디에 있나요?

____

3 

그 큰 **시장**이 어디에 있나요?

____

4 

그 **박물관들**은 어디에 있나요?

____

5 

그 **공공** 도서관은 예전에 어디에 있었나요?

____

Tip! before는 '예전에, 이전에'라는 뜻으로 뒤에 오는 명사 없이 단독으로 쓰이기도 해요.

6 

그 **유명한** 식당은 예전에 어디에 있었나요?

____

STEP **3** 문장 **확장하기** 설명을 읽고, 질문에 대답하는 문장을 완성하세요.

Where 의문문에 답하기

장소를 묻는 Where 의문문에는 장소 표현으로 대답해요. 이때 **in, at, on** 등의 위치를 나타내는 다양한 표현과 함께 쓸 수 있어요.

Q: **Where** is the shoe store? (그 신발 가게는 어디에 있나요?)
A: It is **in** the shopping mall. (그것은 쇼핑몰 안에 있어요.)

1 Q: Where are the gift shops?

A: ___________________________ the department store.
(그것들은 그 백화점 안에 있어요.)

Word Bank
next to
across from

2 Q: Where is the hospital?

A: ___________________________ the school.
(그것은 그 학교 **건너편**에 있어요.)

3 Q: Where is the bus stop?

A: ___________________________ the park.
(그것은 그 공원 **옆**에 있어요.)

서술형 다음은 마을 지도예요. 지도와 대답을 보고 알맞은 질문을 완성해 보세요.

1) Q: ___________________________
A: It's next to the hospital.

2) Q: ___________________________
A: It's across from the fire station.

When is the giant at home?

'언제'라는 뜻의 when은 어떤 일이 일어난 때, 즉 '시간 정보'를 물어볼 때 쓰는 말이에요. 현재에 대한 시간 정보를 물을 때는 <When + am/is/are + 주어>의 순서로 쓰고, 이미 지난 일에 대한 시간 정보를 물을 때는 <When + was/were + 주어>의 순서로 써요.

be동사	주어	부사구 (장소)	부사구 (시간)
Is	**the giant**	**at home**	**in the evening?**
있나요?	그 거인은	집에	저녁에

When	**is**	**the giant**	**at home?**
언제	있나요?	그 거인은	집에
의문사	be동사	주어	부사구 (장소)

W⬤rd Bank 이미지를 보고 알맞은 단어에 체크하세요.　　　TOPIC: Special Days

- [ ] birthday
- [ ] field trip

- [ ] anniversary
- [ ] Teachers' Day

- [ ] anniversary
- [ ] Halloween

- [ ] Parents' Day
- [ ] Teachers' Day

- [ ] Parents' Day
- [ ] field trip

- [ ] Halloween
- [ ] birthday

Tip! 특별한 날을 나타내는 말은 '정해진 이름'이므로 첫 글자를 대문자로 써요. 그리고 앞에 a(n)나 the도 붙이지 않아요.

우리말을 보고 영어 문장을 완성하세요.

의문사	be동사	주어

1 언제 / 인가요? / 핼러윈은 ?

2 언제 / 인가요? / 스승의 날은 ?

3 언제 / 인가요? / 어버이날은 ?

4 언제 / 였니? / 너의 생일은 ?

5 언제 / 였나요? / 그의 현장학습은 ?

6 언제 / 였나요? / 그들의 기념일은 ?

Tip!
'그들의'라는 의미를 나타낼 때는 their를 써요.

문장 만들기 우리말을 영어 문장으로 쓰세요.

Word Bank
final exams
family trip
pajama party
flea market
Children's Day
the next World Cup

1 

어린이날은 언제인가요?

2 

다음 월드컵은 언제인가요?

3 

너의 기말고사는 언제니?

4 

그 파자마 파티는 언제인가요?

5 

그 학교 벼룩시장은 언제였나요?

6 

작년 우리의 가족 여행은 언제였지?

last year?

STEP 3 문장 확장하기 설명을 읽고, 질문에 대답하는 문장을 완성하세요.

When 의문문에 답하기

때나 시간을 묻는 When 의문문에는 시간 표현이나 날짜로 대답해요. 이때, **this(이번)**, **next(다음)**, **last(지난)** 뒤에 시간 명사가 오는 경우에는 그 앞에 in, at, on 등을 쓰지 않아요.

Q: **When** is your math test? (너의 수학 시험은 언제니?)
A: It is **next Monday**. (그것은 다음 주 월요일이에요.)

1 Q: When is Parents' Day?

A: ______________________________________

(그것은 이번 주 토요일이에요.)

2 Q: When was the pajama party?

A: ______________________________________

(그것은 지난주 금요일이었어요.)

서술형 다음은 정우의 일정표예요. 일정표와 대답을 보고 알맞은 질문을 완성해 보세요.

Monday	Tuesday	Wednesday	Thursday	Friday
math test		Today	piano contest	

1) Q: ______________________________________

A: My contest is tomorrow.

2) Q: ______________________________________

A: My test was on Monday.

UNIT 09

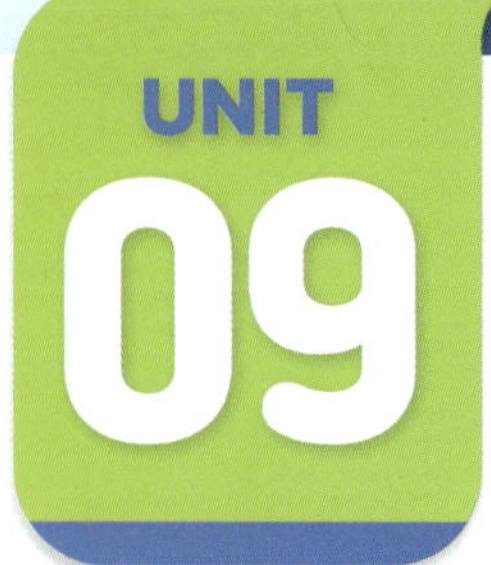

Where did Jack find the magic harp?

where와 when 의문사 뒤에는 be동사 대신 동작 동사가 올 수도 있어요. 구체적인 동작이나 행동을 어디서 혹은 언제 하거나 했는지를 물어볼 때, <Where/When + do/does/did + 주어 + 동작 동사>의 순서로 쓰면 돼요.

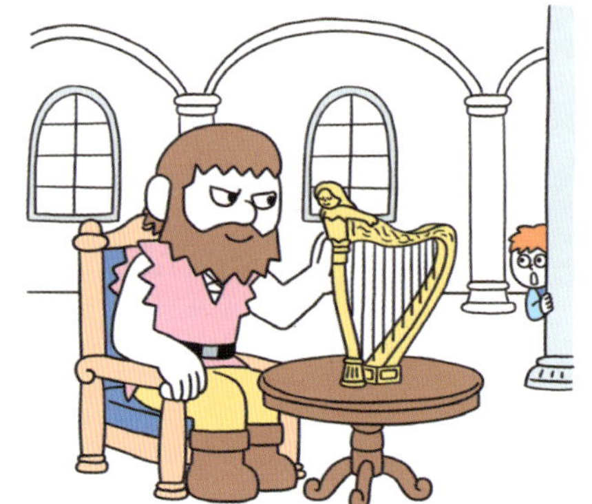

의문사	be동사	주어
Where 어디에	was 있었나요?	the magic harp? 그 마법의 하프는

의문사	do동사 주어	동사	목적어
Where 어디에서	did Jack 잭은 ~했나요?	find 찾다	the magic harp? 그 마법의 하프를

강의 & 음원

Word Bank 이미지를 보고 알맞은 단어에 체크하세요.

TOPIC: Travel

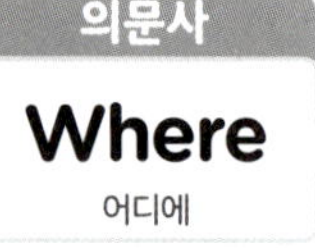

☐ try
☐ book

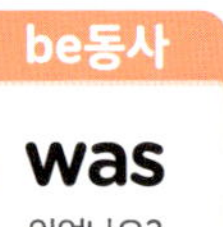

☐ pack
☐ spend

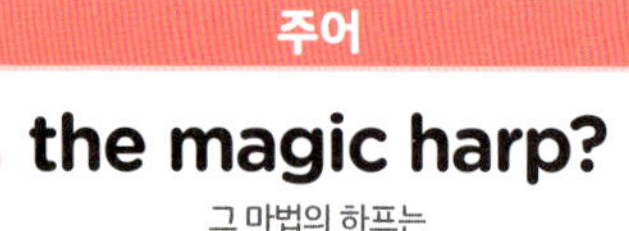

☐ buy
☐ meet

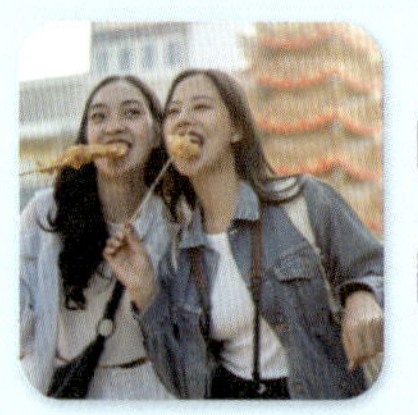

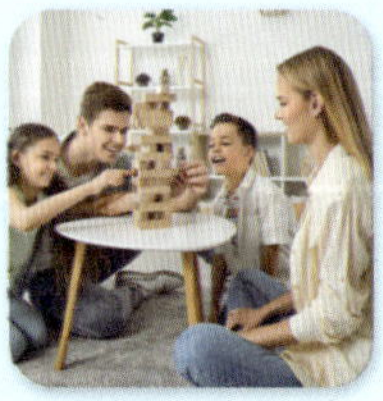

☐ pack
☐ spend

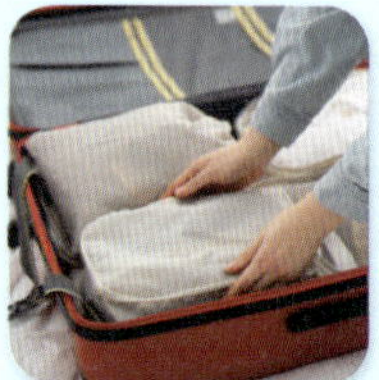

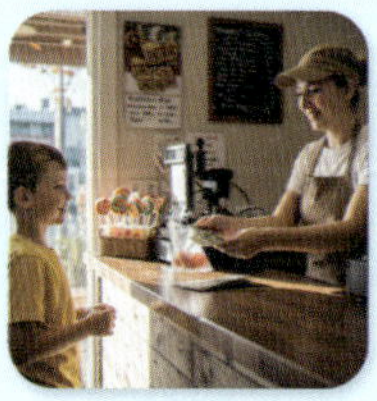

☐ buy
☐ try

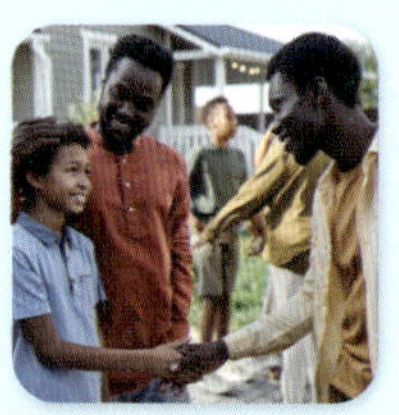

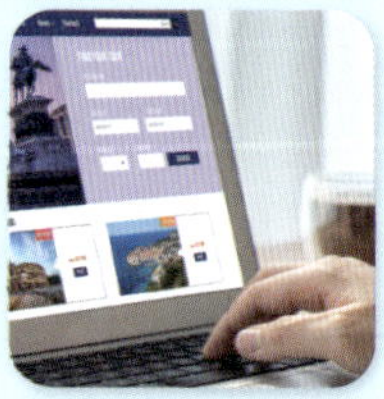

☐ book
☐ meet

우리말을 보고 영어 문장을 완성하세요.

의문사	do동사 주어	동사	목적어

1 | | | | your vacation | ?
어디에서 / 너는 ~하니? / (시간을) 보내다 / 너의 방학을

2 | | | | local food | ?
어디에서 / 그들은 ~했나요? / 먹어 보다 / 현지 음식을

3 | | | | the gifts | ?
어디에서 / 그녀는 ~했나요? / 사다 / 그 선물들을

4 | | | | her bag | ?
언제 / 그녀는 ~하나요? / 챙기다 / 그녀의 가방을

5 | | | | his hotel | ?
언제 / 그는 ~했나요? / 예약하다 / 그의 호텔을

6 | | | | your new friends | ?
언제 / 너는 ~했니? / 만나다 / 너의 새 친구들을

우리말을 영어 문장으로 쓰세요.

Word Bank

exchange
come back
stay
take

cooking class
selfie

1. 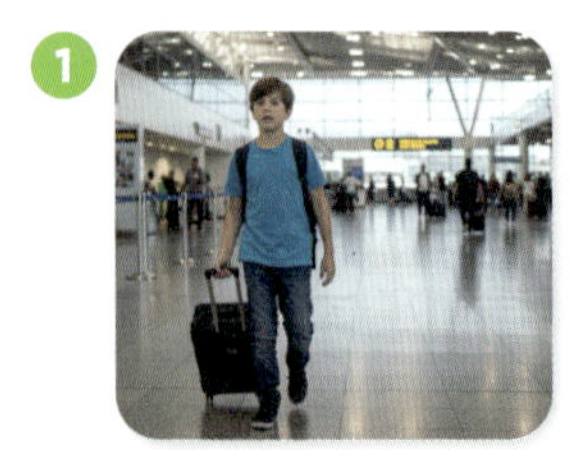
너는 언제 너의 여행에서 **돌아왔니?**

_______________ from your trip?

2. 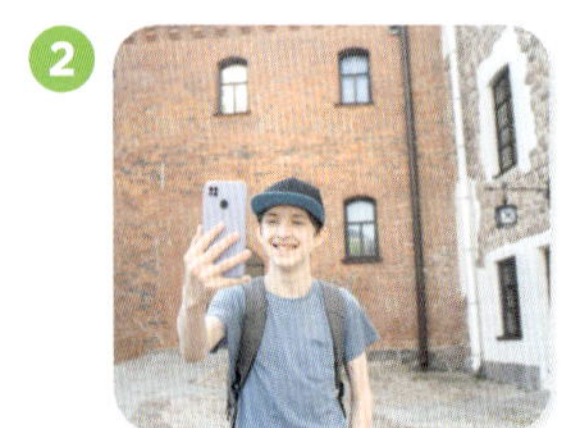
그는 언제 이 **셀카**를 **찍었나요?**

____

3. 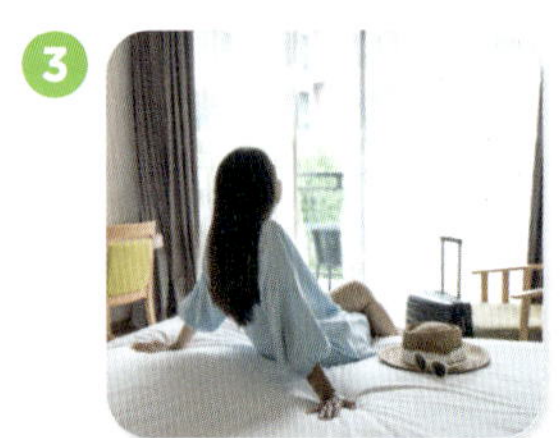
그녀는 그녀의 방학 동안 어디에서 **머무르나요?**

____

4. 
그들은 어디에서 그 **요리 수업**을 해봤나요?

____

Tip! 동사 try는 '먹어 보다' 외에도 '한 번 해보다, 시도하다'라는 뜻으로 쓸 수 있어요.

5. 
그녀는 언제 그 박물관을 방문했나요?

____

6. 
너는 어디에서 돈을 **바꾸니(환전하니)?**

____

STEP 3 문장 확장하기

설명을 읽고, 질문에 대답하는 문장을 완성하세요.

과거 표현으로 답하기

이미 지난 일에 대해 물어봤다면 대답도 과거 표현으로 해야 돼요. 즉, 동사 모양을 과거 형태로 바꿔 써야 한다는 점에 유의하세요.

Q: **Where did you stay?** (너는 어디에서 머물렀니?)
A: I **stayed** at a hotel near the beach. (나는 해변 근처의 호텔에서 머물렀어.)

1 Q: When did he come back from his trip?

A: _________________________ at 8 p.m.

2 Q: Where did she buy the postcard?

A: _________________________ it at a gift shop.

서술형 Oliver의 기차표를 보고, 친구와의 대화문을 완성해 보세요.

Jane: _________________________ on your trip?

Oliver: I went to London.

Jane: _________________________ on your trip?

Oliver : I went on my trip on December 21.

Tell Us about Your Trip!

과제 확인 수행평가 과제를 확인해 보세요.

주제	한국을 방문한 외국 관광객들에게 설문조사하기
내용	✓ 한국 여행 경험에 관한 질문 네 개 이상 구성하기
조건	✓ When·Where 의문문을 각각 한 개 포함하기 ✓ Who·What 의문문을 각각 한 개 포함하기 ✓ 여행 경험에 대한 질문이므로 과거로 질문하기

예시 답변 다음 글을 소리 내어 읽으며 따라 써 보세요.

Q1: When did you visit Korea?

Q2: Where did you stay in Korea?

Q3: Who did you meet in Korea?

Q4: What place did you enjoy the most?

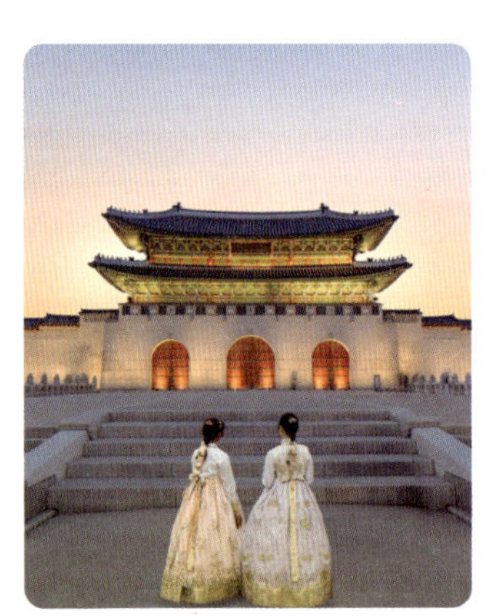

Word Bank

☐ place 장소   ☐ enjoy 즐기다   ☐ the most 가장 많이

내 답변 아래 표현들을 활용해 내 답변을 완성해 보세요.

Q1: When

Q2: Where

Q3: Who

Q4:

Word Bank

- go first 처음으로 가다
- interesting activity 흥미로운 활동
- souvenir 기념품
- landmark 유명한 건물이나 장소
- try local food 현지 음식을 먹어 보다
- memorable experience 기억에 남는 경험
- visit a palace 궁궐을 방문하다
- tourist attraction 관광명소

Checklist 내가 쓴 글을 보며 과제를 잘 했는지 평가해 보세요.

평가 요소		
1. 한국 여행 경험에 관한 질문을 네 개 이상 구성했나요?	Yes	No
2. When·Where 의문문을 각각 한 개씩 포함했나요?	Yes	No
3. Who·What 의문문을 각각 한 개씩 포함했나요?	Yes	No
4. 대문자, 마침표, 철자가 올바른가요?	Yes	No

우리나라의 어버이날은 5월 8일로, 부모님께 카네이션을 달아 드리며 감사의 마음을 표현해요. 반면 외국에서는 Mother's Day와 Father's Day로 나누어 따로 기념하는 경우가 많아요. 미국에서 Mother's Day는 5월 둘째 주 일요일, Father's Day는 6월 셋째 주 일요일이에요. 미국에는 각 기념일에 다양한 꽃과 선물을 주고, 특히 감사의 카드를 쓰는 문화가 발달해 있어요.

● **아래의 글을 따라 쓰며 영어로 감사 편지를 작성해 보세요.**

앞에서 what, who, where, when을 이용해서 '무엇을, 누가, 어디서, 언제'에 대해 물어보는 방법을 배웠어요. 이제 남은 의문사는 how와 why예요. how는 '어떠한, 어떻게'라는 의미로 상태나 방법을 물어볼 때 쓰고, why는 '왜'라는 의미로 이유를 물어볼 때 써요. 특히 how는 상황에 따라 다양한 의미로 쓰이니 잘 알아 두어야 해요.

How was the harp's song?

어떤 경험에 대한 느낌이나 소감을 물을 때 how로 문장을 시작해요. 이
때 how는 '어떠한'이라는 뜻으로 보통 <How + be동사 + 주어> 순서로
써요. How 의문문에 대답할 때 fine(괜찮은), good(좋은), great(아주 멋
진), wonderful(정말 좋은) 등의 형용사를 쓸 수 있어요.

be동사	주어	보어 (형용사)
Was	**the harp's song**	**beautiful?**
~였나요?	그 하프의 노래가	아름다운

How	was	the harp's song?
어떠한	~였나요?	그 하프의 노래가
의문사	be동사	주어

Word Bank 이미지를 보고 알맞은 단어에 체크하세요.

TOPIC: Fun Events

- [ ] musical
- [ ] movie

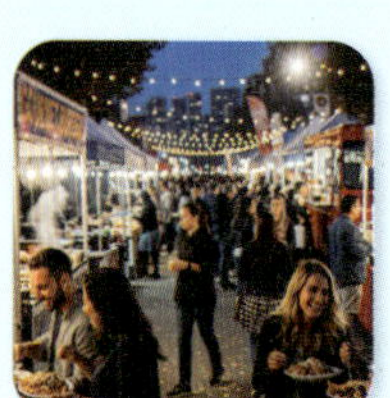

- [ ] show
- [ ] festival

- [ ] concert
- [ ] play

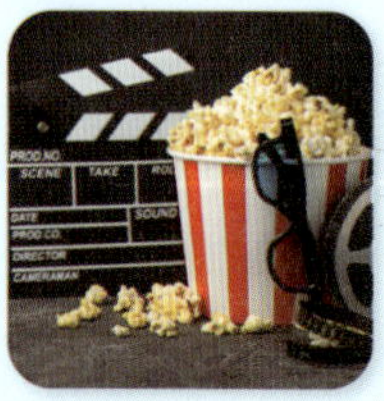

- [ ] movie
- [ ] concert

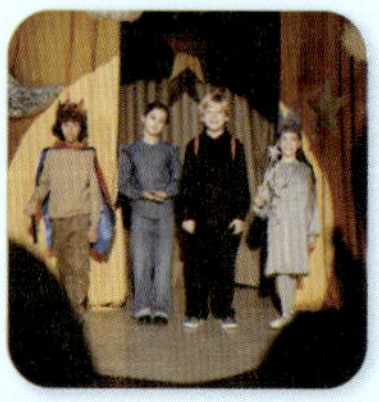

- [ ] play
- [ ] festival

- [ ] musical
- [ ] show

Tip! show는 '공연'이라는 뜻으로 musical, concert, play 등을 모두 포함하는 넓은 의미의 단어예요.

우리말을 보고 영어 문장을 완성하세요.

의문사	be동사	주어

1 □ □ □ ?
어떠한 / (상태)인가요? / 그 뮤지컬은

2 □ □ □ ?
어떠한 / (상태)인가요? / 그 축제는

3 □ □ □ ?
어떠한 / (상태)인가요? / 그 콘서트는

4 □ □ □ ?
어떠한 / (상태)였나요? / 그 연극은

5 □ □ □ ?
어떠한 / (상태)였나요? / 그 영화들은

6 □ □ □ ?
어떠한 / (상태)였나요? / 그 공연들은

> **Tip!**
> 과거의 상태를 묻는 질문에서는 주어의 수에 따라 was와 were 중 알맞은 것을 써야 해요.

우리말을 영어 문장으로 쓰세요.

Word Bank
piano contest
class talent show
parade
soccer game
magic show
sports day

1.  그 **퍼레이드**는 어떤가요?

2.  그들의 **축구 경기들**은 어땠나요?

3.  그 **마술 공연들**은 어떤가요?

4.  그녀의 **피아노 대회**는 어땠나요?

5.  학교에서의 그 **체육 대회**는 어땠나요?

______________________ at school?

6.  그의 **학급 장기자랑**은 어땠나요?

설명을 읽고, 우리말을 영어 문장으로 쓰세요.

<How + 형용사> 의문문

How 뒤에 형용사가 오면 '얼마나 ~한지'를 묻는 의미로 바뀌어요. 이 표현은 길이, 높이, 크기, 나이처럼 구체적인 정도를 물어볼 때 써요.

How old are you? (너는 얼마나 나이가 많니? → 너는 몇 살이니?)
How tall is he? (그는 얼마나 키가 큰가요? → 그는 키가 몇이에요?)
How far is the park? (그 공원은 얼마나 멀리 있나요? → 그 공원까지 거리가 얼마나 되나요?)

1 그 물은 얼마나 차가운가요?

_______________________ is the water?

2 그 자동차는 얼마나 빠른가요?

_______________________ the car?

3 그 축제는 얼마나 큰가요?

____

서술형 우리말을 보고, 두 친구의 대화를 완성해 보세요.

Emma: Hi! _______________________
(너의 새 방은 어떠니?)

Jack: It's great. I like the big window.

Emma: Sounds nice. _______________________
(너의 새 학교는 얼마나 멀리 있니?)

Jack: It takes ten minutes to get there.

How did the giant fall?

how가 be동사가 아닌 동작 동사와 쓰이면, 구체적인 방법이나 과정을 묻는 의문문이 돼요. 지금 일어나는 일이나 반복되는 일에 대해서는 How do/does로, 이미 지난 일에 대해 물을 때는 How did로 문장을 시작해요.

Word Bank 이미지를 보고 알맞은 단어에 체크하세요.

TOPIC: Cooking

- [ ] cook
- [ ] peel

- [ ] bake
- [ ] burn

- [ ] cut
- [ ] fry

- [ ] fry
- [ ] peel

- [ ] cut
- [ ] burn

- [ ] bake
- [ ] cook

우리말을 보고 영어 문장을 완성하세요.

의문사	do동사	주어	동사	목적어

1 | | | | cookies | ?
어떻게 · 너는 ~하니? · 굽다 · 쿠키들을

2 | | | | chicken | ?
어떻게 · 너는 ~하니? · 튀기다 · 치킨을

3 | | | | a potato | ?
어떻게 · 그는 ~하나요? · 껍질을 벗기다 · 감자를

4 | | | | pasta | ?
어떻게 · 그녀는 ~하나요? · 요리하다 · 파스타를

5 | | | | the toast | ?
어떻게 · 그는 ~했나요? · 태우다 · 그 토스트를

6 | | | | the carrot | ?
어떻게 · 그녀는 ~했나요? · 자르다 · 그 당근을

우리말을 영어 문장으로 쓰세요.

1 

너는 어떻게 **수프를** 만드니?

2 

그녀는 어떻게 그 우유를 **쏟았나요?**

3 

너는 어떻게 야채들을 **잘게 써니?**

4 

그는 어떻게 그 **접시를 깼나요?**

5 

그녀는 어떻게 **칼을** 안전하게 사용하나요?

.... safely?

6 

너는 어떻게 스스로 **라면을** 요리했니?

.... *ramyeon* by yourself?

Tip! by yourself는 '(다른 사람의 도움 없이) 스스로의 힘으로'라는 뜻과 '혼자서(= alone)'의 두 가지
뜻을 나타내요.

Word Bank

knife

plate

vegetable

soup

●●●

break

chop

spill

설명을 읽고, 우리말을 영어 문장으로 쓰세요.

How can I ~? (어떻게 ~하면 되나요?)

상대방에게 구체적인 방법을 물어볼 때는 <How do I + 동사?>를 쓸 수 있어요. 그런데 can을 붙여 <How can I + 동사?>로 질문하면 조금 더 공손하게 도움을 부탁하는 표현이 돼요.

Q: **How can I** go to the library? (도서관까지 어떻게 가면 되나요?)
A: **You can go there by bus.** (너는 버스로 거기에 갈 수 있어.)

1 어떻게 에어컨을 **켜면** 되나요?

.... the air conditioner?

Word Bank
start
turn on

2 어떻게 이 게임을 **시작하면** 되나요?

....

서술형 괄호 안의 단어를 사용하여 도서관 이용 경험에 관한 설문지를 완성해 보세요.

Main Street Public Library Survey

1. How do you come to the library?
A: *I come here by bus.*

2. .... (your books)
A: *I usually choose bestsellers.*

3. .... (how often)
A: *I visit the library every Sunday.*

Why was Jack's mom happy?

why는 '왜'라는 뜻으로 어떤 상태나 사건의 이유를 물을 때 사용해요. why 뒤에는 동작 동사와 be동사가 모두 올 수 있고, 동작 동사가 뒤에 올 때는 <Why + do/does/did + 주어 + 동작 동사> 순서로 써요.

be동사	주어	보어 (형용사)
Was ~했나요?	**Jack's mom** 잭의 엄마는	**happy?** 행복한

의문사	be동사	주어	보어 (형용사)
Why 왜	**was** ~했나요?	**Jack's mom** 잭의 엄마는	**happy?** 행복한

W rd Bank 이미지를 보고 알맞은 단어에 체크하세요.   TOPIC: Feelings about Classes

☐ bored
☐ curious

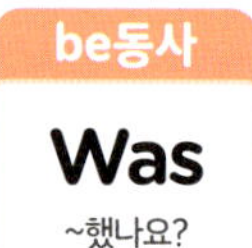
☐ curious
☐ worried

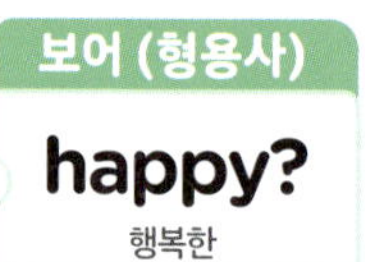
☐ bored
☐ interested

☐ interested
☐ worried

☐ like
☐ hate

☐ hate
☐ like

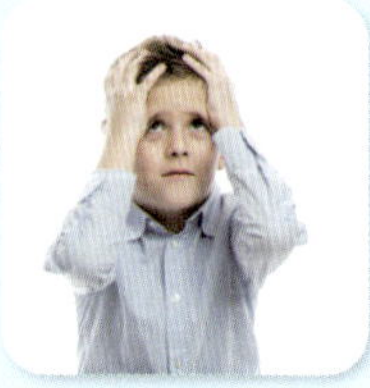

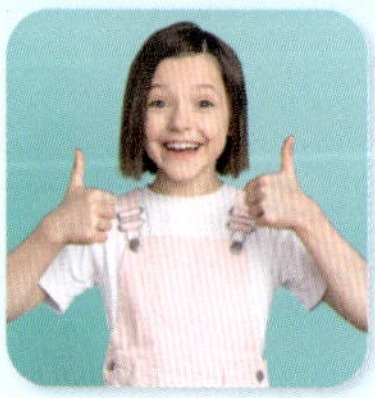

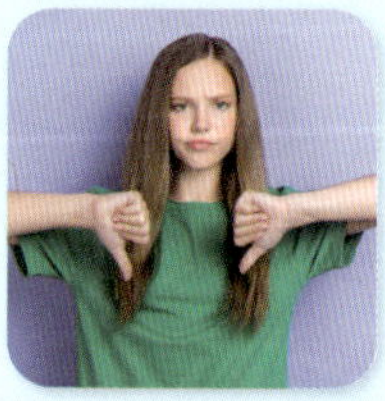

우리말을 보고 영어 문장을 완성하세요.

의문사	be동사	주어	보어 (형용사)	부사구

1 | | | | with history class | ?
왜 / 너는 ~하니? / 지루해하는 / 역사 수업을

Tip! '~을 지루해하다'는 bored 뒤에 with를 함께 써요.

2 | | | | in science class | ?
왜 / 너는 ~하니? / 관심 있는 / 과학 수업에

Tip! '~에 관심이 있다'는 interested 뒤에 in을 함께 써요.

3 | | | | about music class | ?
왜 / 너는 ~했니? / 호기심 있는 / 음악 수업에 대해

4 | | | | about math class | ?
왜 / 그녀는 ~했나요? / 걱정하는 / 수학 수업에 대해

의문사	do동사	주어	동사	목적어

5 | | | | English class | ?
왜 / 그는 ~하나요? / 좋아하다 / 영어 수업을

6 | | | | art class | ?
왜 / 그들은 ~했나요? / 싫어하다 / 미술 수업을

우리말을 영어 문장으로 쓰세요.

1 

너는 왜 **춤 수업**을 싫어했니?

----

2 

그는 왜 **쉬는 시간** 동안 잠을 잤나요?

----

3 

그녀는 왜 **체육 수업**을 지루해하나요?

Tip! P.E.는 Physical Education(신체 교육, 체육)의 줄임말이에요.

4 

그녀는 왜 그 **피아노 레슨들**을 좋아하나요?

----

5 

그들은 왜 그 **시험**에 대해 걱정스러워했나요?

----

6 

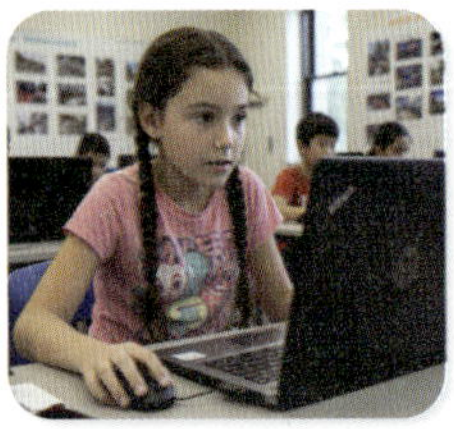

너의 딸은 왜 **컴퓨터 수업**에 관심 있어 하니?

STEP 3 문장 확장하기 설명을 읽고, 질문에 대답하는 문장을 완성하세요.

Why 의문문에 답하기

Why로 묻는 질문에는 이유에 해당하는 내용으로 대답해요. 이유를 밝히는 문장에는 보통 because(~ 때문에)를 쓰지만, because 없이 간단히 대답해도 돼요.

Q: **Why were you at home yesterday?** (너는 왜 어제 집에 있었니?)
A: **I was at home because I had a headache.** (저는 두통이 있었기 때문에 집에 있었어요.)

1 Q: **Why were you angry at your sister?**

Word Bank
shout at

A: **I was angry** ________________________ .
(그녀가 나한테 소리 질러서 화가 났었어요.)

2 Q: **Why did you stay in your room?**

A: ________________________
(나는 아프다고 느꼈어요.)

서술형 다음은 친구 관계에 대한 설문지예요. 괄호 안의 단어를 사용하여 질문을 완성해 보세요.

Group Survey

✓ ________________________ *(important)*
(친구들은 왜 중요한가요?)

✓ ________________________ *(like)*
(당신은 왜 당신의 친구들을 좋아하나요?)

✓ ________________________ *(trust)*
(당신은 왜 당신의 친구들을 믿나요?)

Ask and answer with your friends!

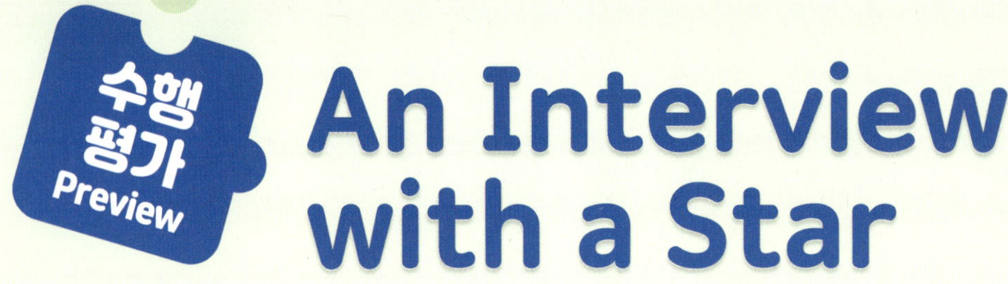

An Interview with a Star

과제 확인   수행평가 과제를 확인해 보세요.

주제	좋아하는 유명인 인터뷰하기
내용	✔ 유명인에게 질문할 문장 네 개 만들기 ✔ 질문 내용은 자유롭게 선택 가능 (예: 취미, 하루 일과, 감정 등)
조건	✔ How 의문문 한 개 이상 포함하기 ✔ Why 의문문 한 개 이상 포함하기 ✔ Where 또는 When 의문문을 한 개 포함하기

예시 답변   다음 글을 소리 내어 읽으며 따라 써 보세요.

An Interview with Son Heungmin

Q1: **Why** did you become a soccer player?

Q2: **How** do you practice your skills?

Q3: **When** do you take a break?

Q4: **How** is your team?

Word Bank

☐ practice 연습하다   ☐ skill 기술   ☐ take a break 휴식을 취하다

내 답변 아래 표현들을 활용해 내 답변을 완성해 보세요.

An Interview with ___________

Q1: Why

Q2: How

Q3: When/Where

Q4: How

Word Bank

- ☐ singer 가수
- ☐ YouTuber 유튜버
- ☐ designer 디자이너
- ☐ achieve a goal 목표를 이루다[달성하다]
- ☐ biggest achievement 가장 큰 성취[업적]
- ☐ photographer 사진작가
- ☐ pilot 조종사
- ☐ artist 예술가
- ☐ choose a job 직업을 선택하다
- ☐ next goal 다음 목표

Checklist 내가 쓴 글을 보며 과제를 잘 했는지 평가해 보세요.

평가 요소		
1. 좋아하는 유명인에게 할 질문 네 개를 만들었나요?	☐ Yes	☐ No
2. How·Why 의문문을 각각 한 개 이상 포함했나요?	☐ Yes	☐ No
3. Where 또는 When 의문문을 한 개 포함했나요?	☐ Yes	☐ No
4. 대문자, 마침표, 철자가 올바른가요?	☐ Yes	☐ No

Pictionary

영어 단어를 공부하다 보면, 분명히 외운 어휘도 금세 잊어버릴 때가 많아요.
이럴 때는 직접 노트에 쓰며 외우면 기억에 훨씬 오래 남아요.
또한, 단어의 공통된 특징을 알아두면 단어의 뜻과 역할을 추측하는 데 도움이 돼요.
예를 들어, **-ed**로 끝나는 단어는 형용사로 쓰이는 경우가 많아요.

● **앞에서 배운 단어들이에요.**
   사전에서 정확한 뜻을 찾아 적고, 그림을 직접 그려 그림 사전을 만들어 보세요.

bored 형

worried 형

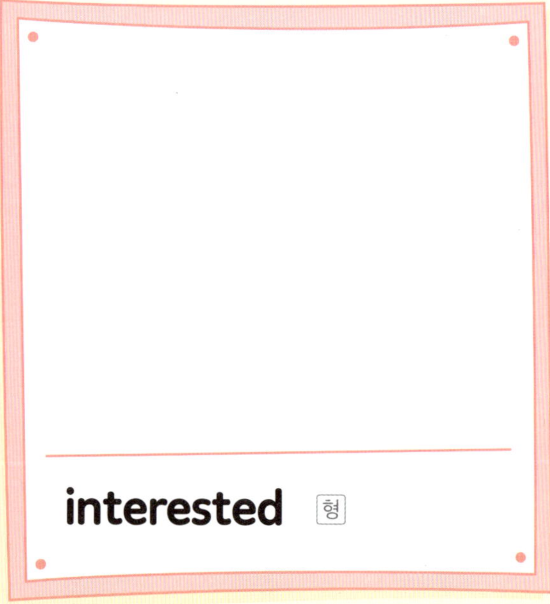

interested 형

excited 형

누적 테스트

UNIT 01 - 12

A 괄호 안의 단어를 배열하여 문장을 완성하세요.

1 이 모자는 인기가 많은가요? (cap, popular, this, is)

2 그녀는 두통이 있나요? (she, headache, a, have, does)

3 그 신발들은 편안한가요? (comfortable, the, shoes, are)

4 너는 콧물이 흐르는 증상이 있니? (you, runny, have, do, a, nose)

5 그는 목이 아픈 증상이 있나요? (a, sore, he, have, does, throat)

B 보기의 표현을 활용하여 우리말을 영어 문장으로 쓰세요.

보기
dry
sick
pants
socks
popular

6 이것들은 너의 양말들이니?

7 그는 아프다고 느끼나요?

8 그 부츠들은 인기가 많았나요?

9 너의 눈이 건조하다고 느끼니?

10 저 바지는 저렴한가요?

C 밑줄 친 부분을 바르게 고쳐 문장을 다시 쓰세요.

11 <u>Are</u> this Ben's coat?

12 <u>Does</u> your feet feel cold?

13 <u>Was</u> these sneakers warm?

14 Are those <u>sweater</u> thick?

15 <u>Does</u> you feel weak?

D 우리말을 영어 문장으로 쓰세요.

16 이 드레스는 너무 짧나요? (short)

17 그녀는 열이 있나요? (fever)

18 너의 다리가 지금 가렵다고 느끼니? (itchy)

19 이것은 새로운 치마 인가요? (skirt)

20 너는 요즘 피곤하다고 느끼니? (these days)

 괄호 안의 단어를 배열하여 문장을 완성하세요.

1 저 자켓은 얇은가요? (jacket, thin, that, is)

2 너는 너의 고양이를 빗질해 주었니? (your, did, brush, cat, you)

3 너는 치통이 있니? (toothache, do, a, have, you)

4 그녀는 그 개집을 청소했나요? (the, did, she, doghouse, clean)

5 너의 팔은 가렵다고 느끼니? (does, itchy, feel, arm, your)

B (보기)의 표현을 활용하여 우리말을 영어 문장으로 쓰세요.

(보기)
a treat
vet
on sale
cold
train
often

6 이 모자는 할인 중인가요?

7 너는 자주 감기에 걸리니?

8 그녀는 그녀의 고양이를 그 수의사에게 데려갔나요?

9 그는 그의 반려동물을 훈련시켰나요?

10 너는 너의 개에게 간식을 주었니?

C 밑줄 친 부분을 바르게 고쳐 문장을 다시 쓰세요.

11 Did she <u>cleans</u> the cage?

12 <u>Does</u> you have a runny nose?

13 <u>Are</u> this a popular T-shirt?

14 Did your leg <u>feels</u> sore?

15 Do you <u>had</u> a sore throat now?

D 우리말을 영어 문장으로 쓰세요.

16 그녀는 그녀의 개를 산책시켰나요? (walk)

17 그 코트는 저렴한가요? (coat)

18 너는 그 물그릇을 채웠니? (water bowl)

19 너의 딸은 기침이 있니? (cough)

20 너는 너의 햄스터에게 먹이를 주었니? (feed)

 괄호 안의 단어를 배열하여 문장을 완성하세요.

1 그의 꿈은 무엇인가요? (dream, what, his, is)

2 너의 가장 좋아하는 스포츠는 무엇이니? (your, favorite, is, sport, what)

3 그 부츠들은 편안한가요? (the, are, boots, comfortable)

4 너의 딸은 그 물고기에게 먹이를 주었니? (feed, did, the, your, fish, daughter)

5 그녀는 자주 목이 아픈 증상이 있나요? (a, she, have, does, sore, often, throat)

 보기의 표현을 활용하여 우리말을 영어 문장으로 쓰세요.

보기
newest
bathe
food
dream job
fever

6 그의 가장 좋아하는 음식은 무엇인가요?

7 그녀의 꿈의 직업은 무엇이었나요?

8 그의 아들은 열이 있나요?

9 너는 너의 개를 씻겨 주었니?

10 너의 가장 새로운 장난감은 무엇이니?

C 밑줄 친 부분을 바르게 고쳐 문장을 다시 쓰세요.

11 What <u>are</u> your favorite subject?

12 Did he <u>trimmed</u> his dog's nails?

13 Does your daughter <u>has</u> a headache?

14 <u>Is</u> these expensive socks?

15 What <u>the most popular sport is</u> in Korea?

D 우리말을 영어 문장으로 쓰세요.

16 그의 취미는 무엇인가요? (hobby)

17 그 개집은 따뜻한가요? (doghouse)

18 그녀의 가장 좋아하는 색은 무엇인가요? (color)

19 그는 그 새장을 청소했나요? (cage)

20 너는 너의 개를 그 수의사에게 데려갔니? (vet)

A 괄호 안의 단어를 배열하여 문장을 완성하세요.

1. 그 안경을 쓴 그 여자아이는 누구인가요? (girl, glasses, with, who, the, is, the)

2. 너의 가장 좋아하는 간식은 무엇이니? (is, snack, what, your, favorite)

3. 그 넥타이를 맨 그 남자는 누구인가요? (man, the, tie, with, is, the, who)

4. 너의 아들은 치통이 있니? (a, toothache, son, does, have, your)

5. 그 목도리를 한 그 여자는 누구인가요? (woman, with, who, is, the, scarf, the)

B 보기의 표현을 활용하여 우리말을 영어 문장으로 쓰세요.

보기
weak
hamster
sunglasses
season
the leader

6. 당신 그룹의 리더는 누구인가요?

7. 그는 그의 햄스터에게 먹이를 줬나요?

8. 너는 자주 기운이 없다고 느끼니?

9. 그녀의 가장 좋아하는 계절은 무엇인가요?

10. 선글라스를 쓰고 있는 그 남자아이들은 누구인가요?

C 밑줄 친 부분을 바르게 고쳐 문장을 다시 쓰세요.

⑪ Did she <u>brushes</u> her cat?

⑫ What <u>are</u> your mom's phone number?

⑬ <u>Was</u> the shoes popular?

⑭ <u>What is</u> the woman with curly hair?

⑮ <u>Who</u> is your favorite hobby?

D 우리말을 영어 문장으로 쓰세요.

⑯ 그녀의 직업은 무엇이었나요? (job)

⑰ 그 갈색 벨트를 맨 그 남자아이는 누구인가요? (belt)

⑱ 이 빨간 코트는 따뜻한가요? (warm)

⑲ 너는 너의 개를 산책시켰니? (walk)

⑳ 그 파란색 바지를 입은 그 키 큰 남자는 누구인가요? (pants)

A 괄호 안의 단어를 배열하여 문장을 완성하세요.

1 너는 가을에 무엇을 입니? (wear, do, fall, what, in, you)

2 그녀의 전화번호는 무엇이니? (is, number, what, phone, her)

3 그 안경을 쓴 그 선생님은 누구인가요? (teacher, glasses, the, who, the, with, is)

4 너는 눈 오는 날에 무엇을 하니? (you, what, days, on, do, snowy, do)

5 너희들은 여름에 무엇을 즐기니? (enjoy, what, you, in, do, summer)

B 〈보기〉의 표현을 활용하여 우리말을 영어 문장으로 쓰세요.

〈보기〉
now
rainy days
subject
the flowers
a treat

6 그녀는 그녀의 개에게 간식을 주었나요?

7 그녀의 가장 좋아하는 과목은 무엇인가요?

8 너는 비 오는 날에 누구와 함께 노니?

9 그 꽃들을 들고 있는 그 여자아이는 누구인가요?

10 지금은 몇 시인가요?

C 밑줄 친 부분을 바르게 고쳐 문장을 다시 쓰세요.

⑪ What is day it today?

⑫ Who necklace is this?

⑬ What are his favorite animal?

⑭ Did you taked your dog outside?

⑮ Who you do plant trees with?

D 우리말을 영어 문장으로 쓰세요.

⑯ 그의 꿈은 무엇인가요? (dream)

⑰ Tom은 복통이 있나요? (stomachache)

⑱ 그 빨간 리본을 단 그 여자아이는 누구인가요? (ribbon)

⑲ 너는 새해 첫날에 누구를 방문하니? (New Year's Day)

⑳ 너는 겨울 방학 동안에 누구와 함께 스키를 타니? (ski)

A 괄호 안의 단어를 배열하여 문장을 완성하세요.

❶ 그 시장은 어디에 있나요? (market, is, the, where)

❷ 그녀는 그녀의 개를 훈련시켰나요? (she, dog, did, her, train)

❸ 그 기념품 가게는 어디에 있나요? (is, gift, where, the, shop)

❹ 그는 콧물이 흐르는 증상이 있나요? (have, runny, a, does, he, nose)

❺ 그 경찰서는 예전에 어디에 있었나요? (police, where, before, station, was, the)

B 〈보기〉의 표현을 활용하여 우리말을 영어 문장으로 쓰세요.

〈보기〉
build
new
famous
stage
museum
sandcastle

❻ 이것은 새로운 코트인가요?

❼ 그 박물관은 어디에 있나요?

❽ 무대 위의 그 가수는 누구인가요?

❾ 그 유명한 병원은 어디에 있었나요?

❿ 그녀는 누구와 함께 모래성들을 만드나요?

C 밑줄 친 부분을 바르게 고쳐 문장을 다시 쓰세요.

⑪ Where are the famous <u>bakery</u>?

⑫ Who <u>does</u> the teacher with the red glasses?

⑬ Where <u>were</u> the fire station before?

⑭ What does she <u>does</u> on snowy days?

⑮ <u>What did</u> you go on a picnic with yesterday?

D 우리말을 영어 문장으로 쓰세요.

⑯ 그것들은 누구의 장난감들인가요? (toy)

⑰ 그녀의 가장 좋아하는 가방은 무엇인가요? (favorite)

⑱ 그 인기 있는 미용실은 어디에 있었나요? (hair salon)

⑲ 그 검은색 넥타이를 맨 그 남자아이는 누구인가요? (tie)

⑳ 그 새로운 식당은 어디에 있나요? (restaurant)

  괄호 안의 단어를 배열하여 문장을 완성하세요.

1 그의 학교는 어디에 있나요? (is, his, where, school)

2 다음 수학 시험은 언제인가요? (is, math, when, the, next, test)

3 그 새로운 은행은 어디에 있나요? (new, is, bank, where, the)

4 그는 자주 그의 고양이를 씻겨 주나요? (does, his, often, bathe, he, cat)

5 너의 부모님의 기념일은 언제니? (your, is, anniversary, when, parents')

B 〈보기〉의 표현을 활용하여 우리말을 영어 문장으로 쓰세요.

〈보기〉

birthday
doghouse
the last World Cup
favorite
field trip

6 너희들의 현장학습은 언제였니?

7 너의 엄마의 생일은 언제니?

8 너의 가장 좋아하는 취미는 무엇이니?

9 지난 월드컵은 언제였나요?

10 너는 누구와 함께 그 개집을 청소했니?

C 밑줄 친 부분을 바르게 고쳐 문장을 다시 쓰세요.

11 When <u>are</u> Teachers' Day?

12 Where <u>are</u> the new museum?

13 <u>Are</u> this your favorite hair salon?

14 When <u>were</u> the school flea market?

15 What <u>does</u> you wear in fall?

D 우리말을 영어 문장으로 쓰세요.

16 그녀의 가족 여행은 언제인가요? (family trip)

17 그 공공 도서관은 어디에 있나요? (public)

18 그는 자주 피곤하다고 느끼나요? (tired)

19 그 시장은 예전에 어디에 있었나요? (before)

20 어버이날은 언제인가요? (Parents' Day)

A 괄호 안의 단어를 배열하여 문장을 완성하세요.

❶ 그녀의 꿈의 직업은 무엇인가요? (is, job, what, her, dream)

❷ 그는 어디에서 현지 음식을 먹어봤나요? (he, did, food, try, where, local)

❸ 너는 언제 너의 가방을 챙겼니? (your, did, bag, pack, you, when)

❹ 너의 아들의 기말고사는 언제니? (son's, are, exams, when, your, final)

❺ 그들은 어디에서 돈을 바꿨나요? (money, exchange, they, where, did)

B 보기의 표현을 활용하여 우리말을 영어 문장으로 쓰세요.

보기
family trip
museum
selfie
water bowl
rainy days

❻ 너는 그 물그릇을 채웠니?

❼ 그들은 비 오는 날에 무엇을 했나요?

❽ 너의 다음 가족 여행은 언제니?

❾ 너는 어디에서 이 셀카를 찍었니?

❿ 그녀는 언제 그 박물관을 방문했나요?

C 밑줄 친 부분을 바르게 고쳐 문장을 다시 쓰세요.

⑪ <u>Was</u> the pants warm?

⑫ When <u>the pajama party are</u>?

⑬ When <u>was</u> you book the hotel?

⑭ <u>What you do</u> usually do in summer?

⑮ Where did she <u>went</u> on her trip?

D 우리말을 영어 문장으로 쓰세요.

⑯ 어린이날은 언제인가요? (Children's Day)

⑰ 그녀는 독감에 걸렸나요? (the flu)

⑱ 그는 언제 그의 새 친구들을 만났나요? (meet)

⑲ 그 파란색 자켓을 입은 그 남자는 누구인가요? (jacket)

⑳ 그들은 그들의 방학 동안 어디에서 머물렀나요? (stay)

1 그 여행은 어땠나요? (the, was, trip, how)

2 너는 너의 개를 산책시켰니? (dog, did, your, walk, you)

3 너는 그 새장을 자주 청소하니? (you, clean, often, do, cage, the)

4 그 병원은 얼마나 큰가요? (hospital, big, the, is, how)

5 그녀는 그녀의 방학을 어디에서 보냈나요? (did, vacation, she, where, spend, her)

B 보기의 표현을 활용하여 우리말을 영어 문장으로 쓰세요.

보기

fast

gloves

concert

cooking class

at school

6 그 장갑은 저렴한가요?

7 그 요리 수업은 어땠나요?

8 그녀의 콘서트는 언제인가요?

9 그의 자동차는 얼마나 빠른가요?

10 학교에서 너의 새 친구들은 어때?

C 밑줄 친 부분을 바르게 고쳐 문장을 다시 쓰세요.

⑪ How warm <u>the boots are</u>?

⑫ Where <u>you visited</u> during your trip?

⑬ How <u>were</u> her piano contest yesterday?

⑭ Who <u>are</u> the main singer in your group?

⑮ <u>Who</u> do you wear on snowy days?

D 우리말을 영어 문장으로 쓰세요.

⑯ 너의 목도리는 어디에 있니? (scarf)

⑰ 그의 연극은 어땠나요? (play)

⑱ 그녀의 가장 좋아하는 장난감은 무엇인가요? (toy)

⑲ 너의 새 목걸이는 어떠니? (necklace)

⑳ 그들은 언제 그들의 여행에서 돌아왔나요? (come back)

 괄호 안의 단어를 배열하여 문장을 완성하세요.

1 너의 엄마는 어떻게 쿠키들을 굽니? (does, cookies, how, mom, bake, your)

2 그 새로운 식당은 어디에 있나요? (new, the, is, restaurant, where)

3 그의 마술 공연은 어땠나요? (was, magic, his, show, how)

4 너는 언제 너의 개를 씻겨 주었니? (bathe, did, your, when, you, dog)

5 그녀는 어떻게 그 토스트를 태웠나요? (burn, how, she, toast, the, did)

B (보기)**의 표현을 활용하여 우리말을 영어 문장으로 쓰세요.**

(보기)

safely
spend
chop
movie
book

6 그 책은 어땠나요?

7 너는 어떻게 칼을 안전하게 사용하니?

8 그는 그의 방학을 어디에서 보냈나요?

9 너의 가장 좋아하는 영화는 무엇이니?

10 너의 엄마는 어떻게 야채들을 잘게 써니?

C 밑줄 친 부분을 바르게 고쳐 문장을 다시 쓰세요.

11 How did he <u>spilled</u> the water?

12 How <u>I can</u> turn on the air conditioner?

13 Who <u>does</u> the woman with curly hair?

14 <u>Do</u> your son have a runny nose?

15 How <u>do</u> you break the plate yesterday?

D 우리말을 영어 문장으로 쓰세요.

16 그 수프는 얼마나 따뜻한가요? (warm)

17 그는 어떻게 치킨을 튀기나요? (fry)

18 그녀의 학급 장기자랑은 어땠나요? (class talent show)

19 너는 어떻게 그 당근을 잘랐니? (cut)

20 너는 지난 여름에 누구와 여행을 갔니? (travel)

 괄호 안의 단어를 배열하여 문장을 완성하세요.

1 그녀는 수업 시간 동안 피곤하다고 느꼈나요? (she, class, feel, during, tired, did)

2 그는 왜 체육 수업을 지루해하나요? (bored, why, with, class, is, P.E., he)

3 너의 아빠는 어떻게 파스타를 요리하니? (does, cook, dad, how, your, pasta)

4 너는 왜 현지 음식을 싫어하니? (hate, food, why, local, do, you)

5 너는 어떻게 감자 껍질을 벗겼니? (peel, you, a, how, potato, did)

B 보기의 표현을 활용하여 우리말을 영어 문장으로 쓰세요.

보기
rainy days
choose
tall man
worried
important

6 그 안경을 쓴 그 키 큰 남자는 누구인가요?

7 그는 어떻게 영화들을 선택하나요?

8 친구들은 왜 중요한가요?

9 너는 비 오는 날에 슬프다고 느끼니?

10 너는 왜 그 시험에 대해 걱정스러워하니?

밑줄 친 부분을 바르게 고쳐 문장을 다시 쓰세요.

11 What <u>far</u> is the bakery?

12 Why does she <u>likes</u> art class?

13 Where did she <u>exchanged</u> money?

14 Why <u>they were</u> curious about music class?

15 How did he <u>cooked</u> *ramyeon* by himself?

우리말을 영어 문장으로 쓰세요.

16 그 유명한 시장은 어디에 있나요? (market)

17 너의 겨울 방학은 언제니? (vacation)

18 그녀는 왜 쉬는 시간 동안 잠을 잤나요? (break time)

19 너는 어제 너의 개를 빗질해 주었니? (brush)

20 그들은 왜 컴퓨터 수업에 관심 있어 하나요? (interested)

어휘 리스트

UNIT 01 - 12

UNIT 01 Is Jack a poor boy?

- [ ] **coat** — 명 코트
- [ ] **dress** — 명 드레스
- [ ] **cap** — 명 (앞에만 챙이 달린) 모자
- [ ] **shoe** — 명 신발
- [ ] **skirt** — 명 치마
- [ ] **sock** — 명 양말
- [ ] **warm** — 형 따뜻한
- [ ] **comfortable** — 형 편안한
- [ ] **thin** — 형 얇은
- [ ] **long** — 형 (길이가) 긴
- [ ] **sneakers** — 명 운동화
- [ ] **jacket** — 명 자켓
- [ ] **boots** — 명 부츠
- [ ] **sweater** — 명 스웨터
- [ ] **shirt** — 명 셔츠
- [ ] **pants** — 명 바지

UNIT 02 Do you have some food?

- [ ] **headache** — 명 두통
- [ ] **sore** — 형 쑤시는, 아픈
- [ ] **cough** — 명 기침

(UNIT 02 계속)

- [ ] **fever** — 명 열
- [ ] **itchy** — 형 가려운
- [ ] **toothache** — 명 치통
- [ ] **dry** — 형 건조한
- [ ] **foot** — 명 발 (복수형 feet)
- [ ] **flu** — 명 독감
- [ ] **runny nose** — 콧물이 흐르는 증상
- [ ] **stomachache** — 명 복통
- [ ] **sore throat** — 목이 아픈 증상

UNIT 03 Did you sell the cow?

- [ ] **train** — 동 훈련시키다
- [ ] **fill** — 동 채우다
- [ ] **bathe** — 동 씻겨 주다
- [ ] **clean** — 동 청소하다
- [ ] **feed** — 동 먹이를 주다
- [ ] **brush** — 동 빗질하다
- [ ] **treat** — 명 (특별한) 간식
- [ ] **vet** — 명 수의사
- [ ] **nail** — 명 손톱
- [ ] **horse** — 명 말
- [ ] **hamster** — 명 햄스터
- [ ] **cage** — 명 새장

walk	동 산책시키다		scarf	명 목도리
take	동 데려가다		belt	명 벨트
trim	동 다듬다, 손질하다		glasses	명 안경
give	동 주다		ribbon	명 리본

UNIT 04 What are these things?

dream	명 꿈
job	명 직업
sport	명 스포츠, 운동
subject	명 과목
hobby	명 취미
phone number	전화번호
dream job	꿈의 직업
wish	명 소원
new	형 새로운, 새
popular	형 인기 있는
dolphin	명 돌고래
popcorn	명 팝콘

UNIT 05 Who is the man with the hammer?

necklace	명 목걸이
tie	명 넥타이

sunglasses	명 선글라스
helmet	명 헬멧
backpack	명 배낭
curly hair	곱슬머리

UNIT 06 What does the goose lay?

read	동 읽다
plant	동 (나무 등을) 심다
ski	동 스키를 타다
visit	동 방문하다
enjoy	동 즐기다
wear	동 입고[신고, 쓰고, 끼고] 있다
pool	명 수영장
sandcastle	명 모래성
build	동 만들다, (건물을) 짓다
travel	동 여행가다
day	명 하루, 날
time	명 시간

UNIT 07 — Where is the castle?

- bank 명 은행
- bus stop 명 버스 정류장
- bakery 명 제과점
- church 명 교회
- police station 명 경찰서
- hospital 명 병원
- market 명 시장
- museum 명 박물관
- restaurant 명 식당
- fire station 소방서
- hair salon 미용실
- library 명 도서관
- public 형 공공의
- famous 형 유명한
- next to ~ 옆에
- across from ~ 건너편에

UNIT 08 — When is the giant at home?

- field trip 현장학습
- anniversary 명 기념일
- Halloween 명 핼러윈
- Teachers' Day 스승의 날
- Parents' Day 어버이날
- birthday 명 생일
- final exam 기말고사
- family trip 가족 여행
- pajama party 파자마 파티
- flea market 벼룩시장
- Children's Day 어린이날
- World Cup 월드컵

UNIT 09 — Where did Jack find the magic harp?

- try 동 먹어 보다, 한 번 해보다
- pack 동 (짐을) 싸다
- meet 동 만나다
- spend 동 (시간을) 보내다
- buy 동 사다
- book 동 예약하다
- exchange 동 바꾸다
- come back 돌아오다
- stay 동 머무르다
- take 동 (사진을) 찍다
- cooking class 요리 수업
- selfie 명 셀카

UNIT 10 How was the harp's song?

- [ ] **musical** — 몡 뮤지컬
- [ ] **festival** — 몡 축제
- [ ] **concert** — 몡 콘서트
- [ ] **movie** — 몡 영화
- [ ] **play** — 몡 연극
- [ ] **show** — 몡 공연
- [ ] **piano contest** — 피아노 대회
- [ ] **talent show** — 장기자랑
- [ ] **parade** — 몡 퍼레이드
- [ ] **soccer game** — 축구 경기
- [ ] **magic show** — 마술 공연
- [ ] **sports day** — 체육 대회

UNIT 11 How did the giant fall?

- [ ] **peel** — 동 껍질을 벗기다
- [ ] **bake** — 동 (빵·과자 등을) 굽다
- [ ] **cut** — 동 자르다
- [ ] **fry** — 동 (기름에) 튀기다
- [ ] **burn** — 동 (불에) 태우다
- [ ] **cook** — 동 요리하다
- [ ] **knife** — 몡 칼

plate — 몡 접시

- [ ] **plate** — 몡 접시
- [ ] **vegetable** — 몡 야채
- [ ] **soup** — 몡 수프
- [ ] **break** — 동 깨다
- [ ] **chop** — 동 잘게 썰다
- [ ] **spill** — 동 쏟다
- [ ] **start** — 동 시작하다
- [ ] **turn on** — …을 켜다

UNIT 12 Why was Jack's mom happy?

- [ ] **bored** — 형 지루해하는
- [ ] **curious** — 형 호기심 있는
- [ ] **interested** — 형 관심 있는
- [ ] **worried** — 형 걱정하는
- [ ] **like** — 동 좋아하다
- [ ] **hate** — 동 싫어하다
- [ ] **piano lesson** — 피아노 레슨
- [ ] **test** — 몡 시험
- [ ] **dance class** — 춤 수업
- [ ] **P.E. class** — 체육 수업
- [ ] **computer class** — 컴퓨터 수업
- [ ] **break time** — 쉬는 시간
- [ ] **shout at** — ~한테 소리 지르다

MEMO

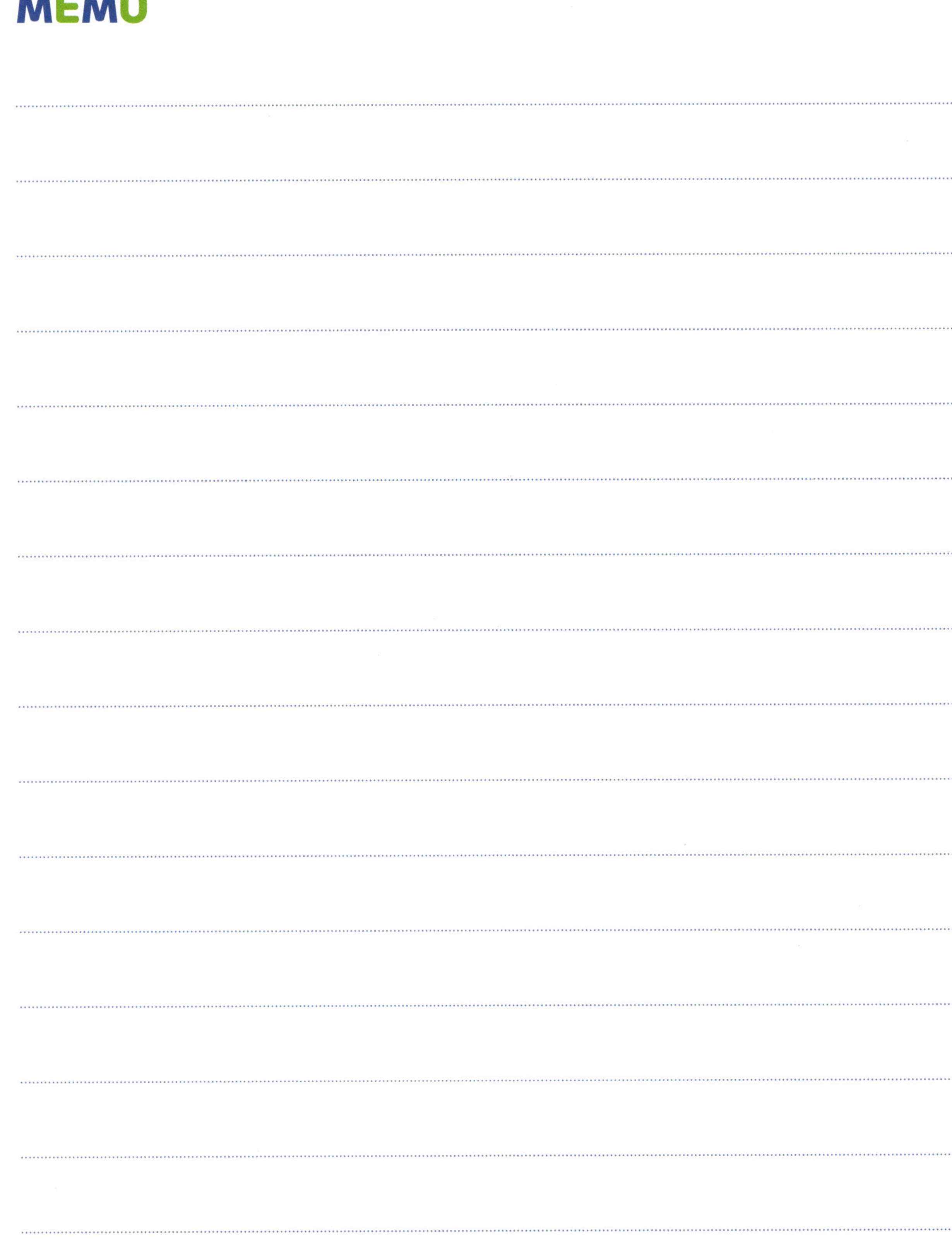

MEMO

대한민국 초등 어휘서의 기준

체계적인 쓰기 훈련으로 초등 어휘 완성

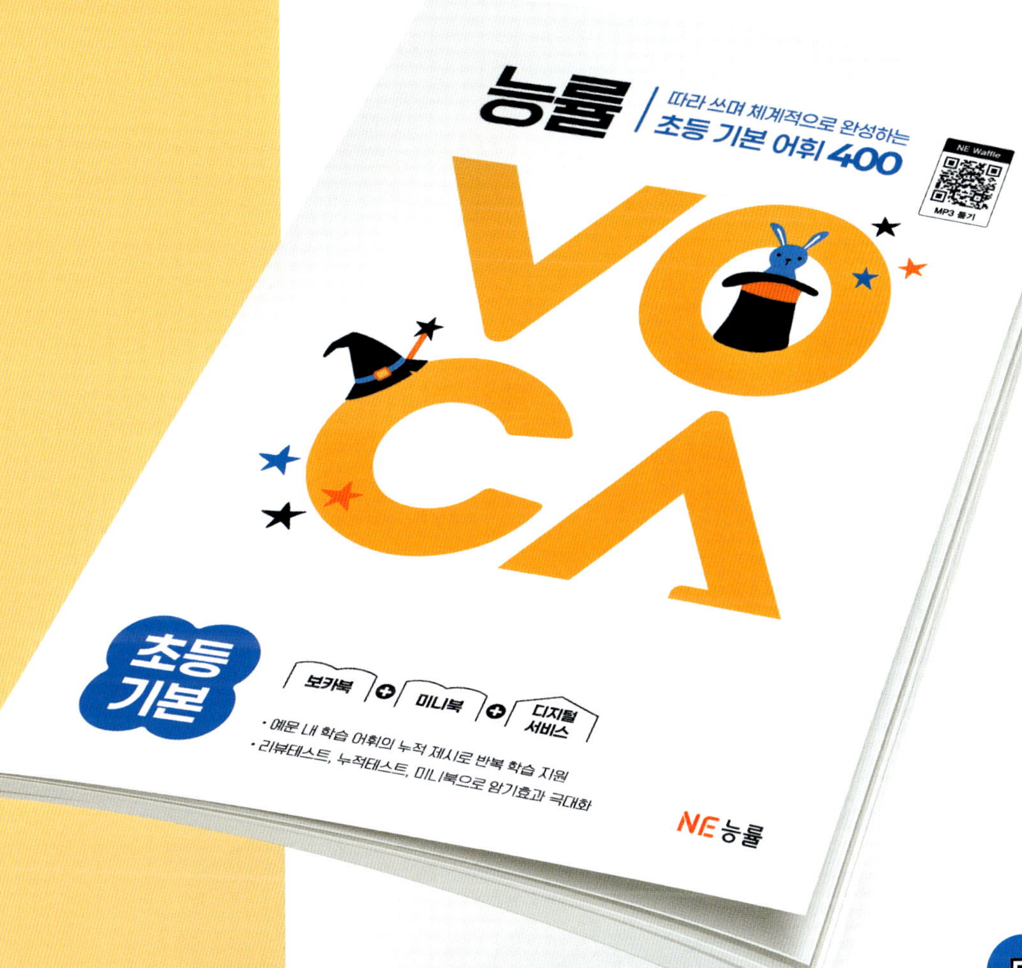

* 휴대용 미니북 별책 제공

시리즈 구성

초등	중등
초등 기본	중등 기본
초등 필수	중등 필수
	중등 고난도
	중등 숙어

고등	어원편
고등 기본	어원편 중등
수능 필수	어원편 고등
수능 고난도	

1 새 교육과정에 따른 쓰기 활동 강화

단어 및 문장 쓰기 활동을 통한
암기력 향상과 쓰기 자신감 강화

2 반복 학습이 가능한 체계적인 설계

예문 내 어휘 누적 제시와 누적 테스트를 통한
반복 훈련으로 학습 완성도 향상

3 다양한 부가자료 및 디지털 서비스

빈틈없는 암기 학습을 위한 휴대용 미니북 및
효율적 학습을 위한 디지털 서비스 제공

BOOK LIST

도/서/목/록

초등 | 초등영어 된다 시리즈

초등영어
리딩이 된다

교과 내용을 영어로 쉽고 재미있게
학습하는 초등 독해서
START 1 | 2 | 3 | 4
BASIC 1 | 2 | 3 | 4
JUMP 1 | 2 | 3 | 4

초등영어
문법이 된다

초등 교육과정을 기반으로 한 영문법 학습서
Starter 1 | Starter 2 | 1 | 2

초등영어
단어가 된다

교육부 권장 초등 필수 영단어 학습서
1 | 2 | 3 | 4

초등영어
파닉스가 된다

알파벳 음가 블랜딩 연습을 통해
읽기 유창성을 기르는 파닉스 학습서
1 | 2

초등영어
사이트 워드가 된다

영어 읽기 독립을 위한 사이트 워드 학습서
1 | 2

독해

Reading
TUTOR 리딩튜터

체계적인 초·중·고등 독해 프로그램
Starter 1 | 2 | 3
Junior 1 | 2 | 3 | 4
Challenger 1 | 2 | 3

달곰한 LITERACY (Reading)

초등학생을 위한 문해력 기본서
LEVEL 1 | 2 | 3
LEVEL 4 | 5 | 6

READING BUDDY

초등학생을 위한 독해 입문서
1 | 2 | 3
 Grammar Buddy

어휘

능률
VOCA

대한민국 어휘서의 표준
초등 기본 | 초등 필수
중등 기본 | 중등 필수
중등 고난도 | 중등 숙어
고등 기본 | 수능 필수 | 수능 고난도
어원편 중등 | 고등

해당 교재와 연계되는 시리즈

달달 쓰고 곰곰 생각하는

달곰한

SENTENCE
WRITING

정답

의문문

3
LEVEL

NE능률

달달 쓰고 곰곰 생각하는

달콤한

SENTENCE
WRITING

정답

의문문

3

LEVEL

UNIT 01

Is Jack a poor boy?

주어가 '누구[무엇]인지' 또는 '어떤 상태인지' 말하고 싶을 때 <주어 + be동사>로 문장을 시작하죠. **이 문장을 의문문으로 바꾸고 싶으면 be동사를 주어 앞으로 옮기면 돼요.** 지금의 상태를 물을 때는 Am/Is/Are로 문장을 시작하고, 이미 지난 과거의 상태를 물을 때는 Was/Were로 문장을 시작해요.

주어	be동사	보어 (명사)
Jack 잭은	is ~이에요	a poor boy. 가난한 소년

be동사	주어	보어 (명사)
Is ~인가요?	Jack 잭은	a poor boy? 가난한 소년

Word Bank 이미지를 보고 알맞은 단어에 체크하세요.

TOPIC: Clothes

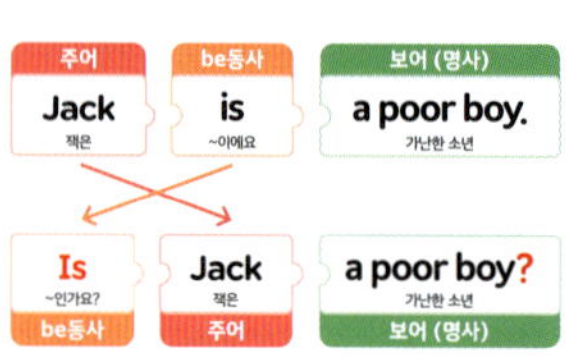 ✓ coat / skirt

☐ cap / ✓ dress

✓ cap / ☐ coat

☐ sock / ✓ shoe

✓ skirt / ☐ shoe

✓ sock / ☐ dress

STEP 1 문장 익히기
우리말을 보고 영어 문장을 완성하세요.

be동사	주어	보어 (명사)

1. **Is** (~인가요?) | **it** (그것은) | **a cap** (모자) ?
   > Tip! 한 개의 사물을 가리킬 때는 주어로 it을 써요.

2. **Is** (~인가요?) | **this** (이것은) | **a dress** (드레스) ?
   > Tip! 가까이 있는 한 개의 대상은 주어로 this를, 가까운 여러 개의 대상은 these를 써요.

3. **Are** (~인가요?) | **these** (이것들은) | **socks** (양말들) ?
   > Tip! 주어가 여러 개일 때는 be동사 are를 써야 해요.

be동사	주어	보어 (형용사)

회색으로 표시된 부분은 따라 쓰며 문장을 완성하세요.

4. **Is** (~하나요?) | **the skirt** (그 치마는) | short (짧은) ?

5. **Is** (~하나요?) | **that coat** (저 코트는) | popular (인기가 많은) ?
   > Tip! 멀리 있는 한 개의 대상을 가리킬 때는 명사 앞에 that를, 멀리 있는 여러 개의 대상을 가리킬 때는 those를 써요.

6. **Are** (~하나요?) | **those shoes** (저 신발들은) | cheap (저렴한) ?

STEP 2 문장 만들기
우리말을 영어 문장으로 쓰세요.

Word Bank
warm
comfortable
thin
long
●●●
sneakers
jacket
boots
sweater
shirt
pants

1.  이것들은 **얇은 셔츠**들인가요?
   Are these thin shirts?

2.  이것은 새로운 **자켓**인가요?
   Is this a new jacket?

3.  그 **바지**는 **긴가요**?
   Are the pants long?
   > Tip! 바지는 두 개의 다리 부분으로 나뉜 옷이기 때문에 한 벌을 가리킬 때도 항상 pants로 써요.

4.  저 **부츠**는 **따뜻한가요**?
   Are those boots warm?

5.  이 **스웨터**는 인기가 많았나요?
   Was this sweater popular?
   > Tip! 주어가 하나이고 이미 지난 과거 상태를 물을 때는 의문문을 Was로 시작해요.

6.  그 **운동화**는 편안했나요?
   Were the sneakers comfortable?
   > Tip! 이미 지난 과거 상태를 묻는 의문문에서 주어가 두 개 이상이면 문장을 Were로 시작해요.

STEP 3 문장 확장하기
설명을 읽고, 질문에 대답하는 문장을 완성하세요.

정답 2쪽

be동사 의문문에 답하기
사실이나 정보를 확인하는 be동사 의문문에 대해 사실이면 Yes, 사실이 아니면 No로 대답을 시작해요. 그 뒤에는 질문의 단어를 그대로 반복하지 않고 it이나 they 같은 말을 대신 써서 간단하게 대답해요.

Q: Is this dress cheap? (이 드레스는 저렴한가요?)
A1: Yes, it is. (네, 그렇습니다.)
A2: No, it isn't. It is expensive. (아뇨, 그렇지 않습니다. 그것은 비쌉니다.)

1. Q: Is that Jack's coat? (저것은 잭의 코트인가요?)
   A: No, **it isn't**. **It is** Ben's coat.
   (아뇨, 그렇지 않습니다. 그것은 벤의 코트입니다.)

2. Q: Are they thick socks? (그것들은 두꺼운 양말인가요?)
   A: No, **they aren't**. **They are** thin.
   (아뇨, 그렇지 않습니다. 그것들은 얇습니다.)

서술형
우리말을 보고, 괄호 안의 단어를 사용하여 손님과 판매원의 대화를 완성해 보세요.

Customer: **Is this T-shirt too small** for me? (this T-shirt)
(이 티셔츠는 저에게 너무 작은가요?)

Clerk: 1 No, it isn't. It looks good on you.

Customer: **Are those warm sweaters?** (warm sweaters)
(저것들은 따뜻한 스웨터인가요?)

Clerk: 2 Yes, they are perfect for winter.

Customer: **Is this skirt on sale?** (on sale)
(이 치마는 할인 중인가요?)

Customer: 3 No, it isn't. It is a new arrival.

1 아뇨, 그렇지 않습니다. 그것은 당신에게 잘 어울립니다.
2 네, 그것들은 겨울에 딱 좋습니다.
3 아뇨, 그렇지 않습니다. 그것은 신상품입니다.

UNIT 02

Do you have some food?

지금의 사실이나 반복적으로 하는 행동에 대해 사실 여부를 물을 때는 do동사인 Do나 Does로 의문문을 시작해요. 주어가 I, you, we, they 또는 여럿이면 Do를 써요. 그리고 주어가 he, she, it처럼 '나, 너'가 아닌 다른 하나이면 Does를 써요. 이때 주어 뒤에 오는 동사는 원래 모양인 기본형으로 써야 해요.

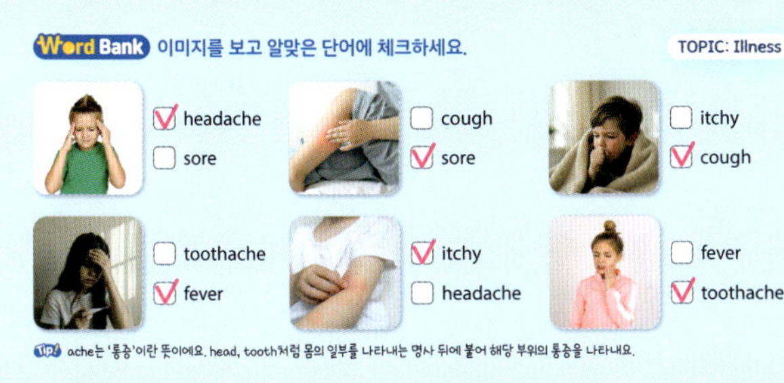

주어	동사	목적어
I (나는)	have (가지고 있어요)	some food. (약간의 음식을)
Do you (너는 ~하니?)	have (가지고 있다)	some food? (약간의 음식을)
do동사 / 주어	동사	목적어

Word Bank 이미지를 보고 알맞은 단어에 체크하세요.

TOPIC: Illness

- ☑ headache
- ☐ sore
- ☐ cough
- ☑ sore
- ☑ itchy
- ☑ cough
- ☐ toothache
- ☑ fever
- ☑ itchy
- ☐ headache
- ☐ fever
- ☑ toothache

Tip! ache는 '통증'이란 뜻이에요. head, tooth처럼 몸의 일부를 나타내는 명사 뒤에 붙어 해당 부위의 통증을 나타내요.

16 LEVEL 3

STEP 1 문장 익히기

우리말을 보고 영어 문장을 완성하세요.

do동사	주어	동사	목적어

① Do you (너는 ~하니?) | have (있다) | a cough (기침이) ?

Tip! 동사 have는 '가지다' 외에 '(병이나 증상이)있다'라는 뜻으로도 쓰여요.

② Do you (너는 ~하니?) | have (있다) | a fever (열이) ?

③ Does he (그는 ~하나요?) | have (있다) | a headache (두통이) ?

④ Does she (그녀는 ~하나요?) | have (있다) | a toothache (치통이) ?

do동사	주어	동사	보어 (형용사)

⑤ Does your leg (너의 다리는 ~하니?) | feel (~라고 느끼다) | sore (쑤시는) ?

Tip! 영어에서는 신체 증상을 표현할 때 주어로 몸의 일부를 자주 써요.

⑥ Does your arm (너의 팔은 ~하니?) | feel (~라고 느끼다) | itchy (가려운) ?

UNIT 02 17

STEP 2 문장 만들기

우리말을 영어 문장으로 쓰세요.

Word Bank
dry
feet
the flu
runny nose
stomachache
sore throat

①  그녀는 **독감에 걸렸나요**?
Does she have the flu?

② 너는 **복통이** 있니?
Do you have a stomachache?

③  그는 **목이 아픈 증상**이 있나요?
Does he have a sore throat?

Tip! 형용사 sore는 '(너무 많이 쓰거나 감염되어) 아픈, 따가운'이란 뜻으로 목이 아플 때도 사용해요.

④  너의 **발이** 지금 **차갑다**고 느끼니?
Do your feet feel cold now?

⑤ 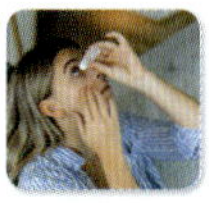 너의 **눈이** 요즘 **건조하다**고 느끼니?
Do your eyes feel dry these days?

⑥  너의 딸은 **콧물이 흐르는 증상**이 있니?
Does your daughter have a runny nose?

Tip! 형용사 runny는 '(감기 등으로) 콧물이 흐르는'이란 뜻이에요.

18 LEVEL 3

STEP 3 문장 확장하기

설명을 읽고, 질문에 대답하는 문장을 완성하세요.

정답 3쪽

Do/Does 의문문에 답하기
Do/Does로 시작하는 질문에 대답할 때도 긍정이면 Yes, 부정이면 No로 문장을 시작하면 돼요. 그 뒤에 긍정의 대답에는 do/does, 부정의 대답에는 don't(= do not)나 doesn't(= does not)를 써요.

Q: Does he have a toothache? (그는 치통이 있나요?)
A1: Yes, he does. (네, 그래요.)
A2: No, he doesn't. He feels better. (아뇨, 그렇지 않아요. 그는 더 좋아졌어요.)

① Q: Do they often have a cold? (그들은 자주 감기에 걸리나요?)
A: Yes, they do .
(네, 그래요.)

② Q: Does your throat feel sore? (너의 목이 아프다고 느끼니?)
A: No, it doesn't .
(아뇨, 그렇지 않아요.)

서술형 우리말을 보고, 괄호 안의 단어를 사용하여 동아리 모집 글을 완성해 보세요.

Do you feel tired? (tired)
(여러분은 피곤하다고 느끼시나요?)

Do you feel weak? (weak)
(여러분은 기운이 없다고 느끼시나요?)

Do you often have a cold these days? (often, cold)
(여러분은 요즘 자주 감기에 걸리시나요?)

Then visit our jump rope class!
(그럼 우리 줄넘기 수업을 방문해 보세요!)

UNIT 02 19

정답 3

UNIT 03

Did you sell the cow?

이미 지난 일이나 과거에 했던 행동에 대해 사실 여부를 물을 때는 do동사의 과거형인 did를 사용해 <Did + 주어 + 동사~?>의 순서로 써요. 이때 주어가 누구든 똑같이 Did를 쓰고 주어 뒤에 따라오는 동사는 원래 모양인 기본형으로 써야 해요.

주어	동사	목적어
I 나는	sold 팔았어요	the cow. 그 소를

Did	you	sell	the cow?
Did	주어	동사	목적어
너는 ~했니?		팔다	그 소를

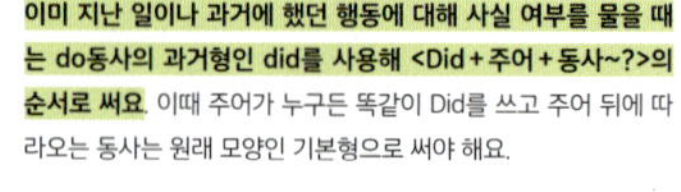

Word Bank 이미지를 보고 알맞은 단어에 체크하세요.

TOPIC: Pets

☐ brush ☑ train

☐ clean ☑ fill

☑ bathe ☐ fill

☑ clean ☐ train

☐ bathe ☑ feed

☑ brush ☐ feed

우리말을 보고 영어 문장을 완성하세요.

| Did | 주어 | 동사 | 목적어 |

① Did you / feed / your fish ?
너는 ~했니? / 먹이를 주다 / 너의 물고기에게
Tip) feed(~에게 먹이를 주다)는 바로 뒤에 목적어를 줄 수 있는 동사예요.

② Did you / train / your dog ?
너는 ~했니? / 훈련시키다 / 너의 개를

③ Did he / brush / his cat ?
그는 ~했나요? / 빗질해 주다 / 그의 고양이를

④ Did he / clean / the doghouse ?
그는 ~했나요? / 청소하다 / 그 개집을

⑤ Did she / fill / the water bowl ?
그녀는 ~했나요? / 채우다 / 그 물그릇을

⑥ Did she / bathe / her pet ?
그녀는 ~했나요? / 씻겨 주다 / 그녀의 반려동물을

우리말을 영어 문장으로 쓰세요.

① 너는 그 새장을 청소했니?
Did you clean the cage?

② 그녀는 그 말에게 먹이를 주었나요?
Did she feed the horse?

③ 그는 그의 개를 **산책시켰나요**?
Did he walk his dog?
Tip) walk는 '걷다' 외에 '(동물을) 산책시키다'라는 뜻도 있어요.

④ 그녀는 그녀의 개의 **손톱들을 다듬어 주었나요**?
Did she trim her dog's nails?
Tip) '~의'라는 소유의 뜻을 나타낼 때는 명사 뒤에 's를 붙여요.

⑤ 너는 너의 햄스터에게 간식을 **주었니**?
Did you give your hamster a treat?
[Did you give a treat to your hamster?]
Tip) treat가 명사로 쓰이면 '(특별한) 간식'이란 뜻을 나타내요.

⑥ 그는 그의 고양이를 그 수의사에게 데려갔나요?
Did he take his cat to the vet?
Tip) take는 목적어 뒤에 '데려가는 목적지'를 나타내는 to 부사구가 자주 따라와요.

Word Bank
a treat
vet
nail
horse
hamster
cage
○○○
walk
take
trim
give

설명을 읽고, 질문에 대답하는 문장을 완성하세요.

정답 4쪽

Did 의문문에 답하기
이미 지난 일에 대해 질문할 때는 주어가 누구든 모두 Did로 문장을 시작해요. 대답할 때도 긍정이면 <Yes, 주어 + did.>, 부정이면 <No, 주어 + didn't.>를 사용해 대답하면 돼요.

Q: **Did you feed** your cat? (너는 너의 고양이한테 먹이를 주었니?)
A1: Yes, I did. (네, 주었어요.)
A2: No, I didn't. I was busy. (아뇨, 주지 않았어요. 저는 바빴어요.)

① Q: Did she take her dog outside? (그녀는 그녀의 개를 밖으로 데려갔나요?)
A: No, she didn't . She forgot.
(아뇨, 데려가지 않았어요. 그녀는 잊어버렸어요.)

② Q: Did they have fun at the zoo? (그들은 동물원에서 재미있는 시간을 보냈나요?)
A: Yes, they did .
(네, 그랬어요.)

서술형 괄호 안의 단어를 사용하여 반려동물에 관한 대화를 완성해 보세요.

Mom: ¹Did you feed the bird? (the bird)

Son: ²No, I didn't. I will feed her later.

Mom: ³Did you clean the cage? (the cage)

Son: ⁴No, I didn't. I will clean it tomorrow.

Mom: ⁵You are not busy. Do it now!

1 너는 새에게 먹이를 주었니?
2 아뇨, 주지 않았어요. 나는 나중에 그녀에게 먹이를 줄 거예요.
3 너는 새장을 청소했니?
4 아뇨, 안했어요. 나는 내일 그것을 청소할 거예요.
5 너는 안 바쁘잖니. 지금 하렴!

UNIT 04

What are these things?

'무엇'이란 뜻의 what은 어떤 대상이나 일에 대해 **구체적으로 물어볼 때 사용해요.** what을 이용해서 질문을 만들 때는 what을 맨 먼저 쓰고 그 다음에 be동사 의문문의 순서를 그대로 따라 쓰면 돼요. 이미 지난 일에 대해 물을 때는 What was/were로 문장을 시작해요.

be동사	주어	보어 (명사)
Are	these things	beans?
~인가요?	이 물건들은	콩들

What	are	these things?
무엇	인가요?	이 물건들은
의문사	be동사	주어

Word Bank — 이미지를 보고 알맞은 단어에 체크하세요.

TOPIC: Introducing Myself

- [ ] hobby
- [x] dream

- [x] job
- [ ] sport

- [x] sport
- [ ] phone number

- [x] subject
- [ ] dream

- [x] hobby
- [ ] subject

- [ ] job
- [x] phone number

STEP 1 문장 익히기

우리말을 보고 영어 문장을 완성하세요.

의문사	be동사	주어

1 What / is / your job ?
무엇 / 이니? / 너의 직업은
Tip 문장의 주어가 your job이므로 이에 알맞은 be동사를 써야 해요.

2 What / is / your phone number ?
무엇 / 이니? / 너의 전화번호는

3 What / are / your dreams ?
무엇 / 이니? / 너희들의 꿈들은
Tip 문장의 주어가 여럿이므로 이에 알맞은 be동사를 써야 해요.

4 What / are / your hobbies ?
무엇 / 이니? / 너희들의 취미들은
Tip hobby처럼 <자음 + y>로 끝나는 명사의 복수형은 -y를 -i로 바꾸고 그 뒤에 -es를 붙여요.

5 What / is / his favorite sport ?
무엇 / 인가요? / 그의 가장 좋아하는 스포츠는
Tip favorite은 '가장 좋아하는'이란 뜻의 형용사로 명사와 짝을 이루어 자주 쓰여요.

6 What / is / her favorite subject ?
무엇 / 인가요? / 그녀의 가장 좋아하는 과목은

STEP 2 문장 만들기

우리말을 영어 문장으로 쓰세요.

Word Bank
dream job
wish
•••
newest
the most popular

1  너의 소원은 무엇이니?
What is your wish?

2  그녀의 가장 좋아하는 간식은 무엇인가요?
What is her favorite snack?

3  그의 가장 좋아하는 책들은 무엇인가요?
What are his favorite books?

4 너의 **가장 새로운** 장난감은 무엇이니?
What is your newest toy?
Tip newest는 '가장 새로운'이란 뜻으로, 형용사 뒤에 -est가 붙으면 '가장 ~한'이라는 의미가 돼요.

5  한국에서 **가장 인기가 많은** 스포츠는 무엇인가요?
What is the most popular sport in Korea?
Tip '가장 ~한'이라는 의미를 나타낼 때, 형용사의 길이가 길면 그 앞에 the most를 붙여요.

6 5년 전에 너의 **꿈의 직업**은 무엇이었니?
What was your dream job 5 years ago?
Tip 주어가 하나이고, 이미 지나간 일을 물을 때는 What was로 질문을 시작해요.

STEP 3 문장 확장하기

정답 5쪽

설명을 읽고, 질문에 대답하는 문장을 완성하세요.

What 의문문에 답하기

'무엇'에 대한 정보를 묻는 What 의문문은 Yes나 No가 아닌 구체적인 내용으로 답해야 해요. 이때 질문 속 명사를 다시 사용해서 문장을 시작하면 쉽게 대답할 수 있어요.

Q: What's **your favorite sport?** (너의 가장 좋아하는 운동은 무엇이니?)
A: **My favorite sport** is soccer. (나의 가장 좋아하는 운동은 축구예요.)

1 (너의 가장 좋아하는 간식은 무엇이니?)
Q. What's your favorite snack?
A: **My favorite snack** is **popcorn** .
(나의 가장 좋아하는 간식은 **팝콘**이에요.)

Word Bank
dolphin
popcorn

2 Q: What's her favorite animal? (그녀의 가장 좋아하는 동물은 무엇인가요?)
A: **Her favorite animal** is a dolphin .
(그녀의 가장 좋아하는 동물은 **돌고래**예요.)

서술형

1 은우에게,
2 안녕! 잘 지내니?
3 너의 가장 좋아하는 음식은 무엇이니? 나는 피자를 정말 좋아해.
4 너의 가장 좋아하는 색은 무엇이니? 나는 민트색을 좋아해.
5 너의 가장 좋아하는 계절은 무엇이니? 나는 여름을 정말 좋아해.
6 곧 너에게서 답장이 오면 좋겠어!
7 정민이가

1 Dear Eunwoo,
2 Hello! How are you?
3 **What is your favorite food?** I love pizza.
4 **What is your favorite color?** I like mint.
5 **What is your favorite season?** I love summer.
6 I hope to hear from you soon!
7 Jungmin

정답 5

UNIT 05

Who is the man with the hammer?

'누구'라는 뜻의 who는 사람에 대한 정보를 물어볼 때 사용해요. 사람 명사 뒤에 <with+들고 있거나 몸에 걸친 물건>을 덧붙여 물어보는 사람에 대한 정보를 추가할 수 있어요. 한 사람을 물을 때는 Who is, 여러 사람을 물을 때는 Who are로 문장을 시작한다는 것도 기억해 두세요.

be동사	주어	보어 (명사)
Is ~인가요?	the man with the hammer 망치를 든 그 남자는	a giant? 거인

Who 누구	is 인가요?	the man with the hammer? 망치를 든 그 남자는
의문사	be동사	주어

Word Bank 이미지를 보고 알맞은 단어에 체크하세요.

TOPIC: Accessories

- ☐ ribbon
- ☑ necklace

- ☑ tie
- ☐ glasses

- ☑ scarf
- ☐ belt

- ☐ tie
- ☑ belt

- ☐ necklace
- ☑ glasses

- ☑ ribbon
- ☐ scarf

STEP 1 문장 익히기

우리말을 보고 영어 문장을 완성하세요.

의문사	be동사	주어

① Who (누구) is (인가요?) the boy (그 남자아이는) with the glasses (그 안경을 쓴) ?

② Who (누구) is (인가요?) the girl (그 여자아이는) with the ribbon (그 리본을 단) ?

③ Who (누구) is (인가요?) the man (그 남자는) with the scarf (그 목도리를 한) ?

④ Who (누구) is (인가요?) the woman (그 여자는) with the necklace (그 목걸이를 찬) ?

⑤ Who (누구) are (인가요?) the teachers (그 선생님들은) with the ties (그 넥타이들을 맨) ?

Tip 주어가 여러 명이기 때문에 tie(넥타이)도 여러 개로 생각해야 해요.

⑥ Who (누구) are (인가요?) the students (그 학생들은) with the brown belts (그 갈색 벨트들을 맨) ?

STEP 2 문장 만들기

우리말을 영어 문장으로 쓰세요.

①  그 헬멧을 쓴 그 남자아이는 누구인가요?

Who is the boy with the helmet ?

Word Bank
sunglasses
helmet
backpack
curly hair

②  그 빨간 장갑들을 낀 그 남자는 누구인가요?

Who is the man with the red gloves ?

③  선글라스를 쓰고 있는 그 여자는 누구인가요?

Who is the woman with sunglasses?

④  그 꽃들을 들고 있는 그 키 큰 남자는 누구인가요?

Who is the tall man with the flowers?

⑤  파란색 배낭들을 메고 있는 그 학생들은 누구인가요?

Who are the students with blue backpacks?

⑥  곱슬머리를 한 그 여자들은 누구인가요?

Who are the women with curly hair?

Tip with 뒤에 머리 모양이나 머리 색깔, 수염 등의 외모적 특징도 올 수 있어요.

STEP 3 문장 확장하기

정답 6쪽

설명을 읽고, 질문에 대답하는 문장을 완성하세요.

Who 의문문에 답하기

누구(who)인지 묻는 질문에 대해 사람의 이름이나 직업, 관계로 대답할 수 있어요. 대답할 때는 질문의 주어를 반복할 필요 없이 he, she, they 등의 대신하는 말(대명사)로 간단하게 답하는 게 좋아요.

Q: **Who** is the dancer on stage? (무대 위의 그 댄서는 누구인가요?)
A: **She is** my friend Lia. (그녀는 나의 친구 Lia예요.)

① (파란색 자켓을 입은 그 남자는 누구인가요?)
Q: Who is the man with the blue jacket?
A: **He is** Mr. Choi, my teacher. (그는 나의 최 선생님이에요.)

② Q: Who are the singers on the TV? (TV에 나오는 그 가수들은 누구인가요?)
A: **They are** a new idol group. (그들은 새로운 아이돌 그룹이에요.)

서술형

1 만나서 반갑습니다. 당신 그룹의 리더는 누구인가요?
2 제이크가 우리의 리더예요.
3 메인 보컬은 누구인가요?
4 미나예요. 그녀는 노래를 아름답게 불러요.
5 가장 춤을 잘 추는 사람은 누구인가요?
6 제인이에요. 그녀는 춤을 정말 잘 춰요.

Interviewer: 1 Nice to meet you. **Who is the leader** of your group?

Idol member: 2 Jake is our leader.

Interviewer: 3 **Who is the main singer?**

Idol member: 4 Mina is. She sings beautifully.

Interviewer: 5 **Who is the best dancer?**

Idol member: 6 Jane is. She dances really well.

UNIT 06

What does the goose lay?

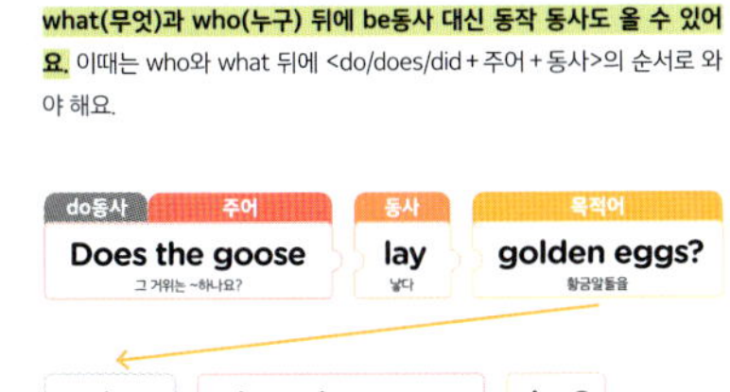

what(무엇)과 who(누구) 뒤에 be동사 대신 동작 동사도 올 수 있어요. 이때는 who와 what 뒤에 <do/does/did + 주어 + 동사>의 순서로 와야 해요.

do동사	주어	동사	목적어
Does the goose	lay	golden eggs?
그 거위는 ~하나요?	낳다	황금알들을

What	does the goose	lay?
무엇을	그 거위는 ~하나요?	낳다
의문사	do동사	주어	동사

Word Bank 이미지를 보고 알맞은 단어에 체크하세요.

TOPIC: Seasonal Activities

- ☑ read
- ☐ enjoy

- ☐ wear
- ☑ plant

- ☑ ski
- ☐ read

- ☐ plant
- ☑ visit

- ☑ enjoy
- ☐ ski

- ☐ visit
- ☑ wear

STEP 1 문장 익히기

우리말을 보고 영어 문장을 완성하세요.

의문사	do동사	주어	동사	부사구 (시간)

1 What / do you / plant / in spring ?
무엇을 / 너는 ~하니? / 심다 / 봄에

2 What / do you / wear / in summer ?
무엇을 / 너는 ~하니? / 입다 / 여름에

3 What / do you / read / in fall ?
무엇을 / 너는 ~하니? / 읽다 / 가을에

4 What / does she / enjoy / in winter ?
무엇을 / 그녀는 ~하나요? / 즐기다 / 겨울에
Tip 주어가 he 또는 she인 경우 주어 앞에 does를 써요.

5 Who / does he / visit / on New Year's Day ?
누구를 / 그는 ~하나요? / 방문하다 / 새해 첫날에

6 Who / does she / ski with / during winter vacation ?
누구와 / 그녀는 ~하나요? / 함께 스키를 타다 / 겨울 방학 동안에
Tip '~ 동안(에)'는 during으로 나타내고, 그 뒤에 기간을 나타내는 명사가 와요.

STEP 2 문장 만들기

우리말을 영어 문장으로 쓰세요.

Word Bank
pool
sandcastle
●●●
build
travel

1 너는 누구와 소풍을 가니?
Who do you go on picnics with?

2 너는 비 오는 날에 무엇을 하니?
What do you do on rainy days?

3 그녀는 눈 오는 날에 누구와 함께 노나요?
Who does she play with on snowy days?

4 그들은 수영장 안에서 무엇을 입었나요?
What did they wear in the pool?
Tip 이미 한 일을 물을 때는 주어 앞에 did를 써요.

5 그는 누구와 함께 모래성들을 만들었나요?
Who did he build sandcastles with?
Tip '~와 함께'라는 뜻의 with는 의문문에서 문장 뒤에 위치하는 것이 자연스러워요.

6 너는 지난 여름에 누구와 여행을 갔니?
Who did you travel with last summer?

STEP 3 문장 확장하기

설명을 읽고, 우리말을 영어 문장으로 쓰세요.

명사를 꾸며주는 What/Whose
what과 whose는 명사를 꾸며주는 역할을 할 수 있어서 <what/whose + 명사>의 형태로도 자주 쓰여요. whose는 who의 형용사 형태로 '누구의'라는 뜻이에요.

What grade are you in? (너는 몇 학년이니?)
Whose bag is this? (이것은 누구의 가방이에요?)

Word Bank
day
time

1 지금은 몇 시인가요?
What time is it now?

2 오늘은 무슨 요일인가요?
What day is it today?

3 그것들은 누구의 선글라스인가요?
Whose sunglasses are they?

서술형 괄호 안의 단어를 사용하여 지유의 질문을 완성해 보세요.

1 Jiyu: **What do you do on snowy days?** (what, do)

2 Jimin: I build a snowman on snowy days.

3 Jiyu: **Who do you make it with?** (who, make)

4 Jimin: I make it with my sister and brother.

1 지유: 너는 눈 오는 날에 무엇을 하니?
2 지민: 나는 눈 오는 날에 눈사람을 만들어.
3 지유: 너는 그것을 누구와 함께 만드니?
4 지민: 나는 그것을 여동생과 남동생과 함께 만들어.

UNIT 07

Where is the castle?

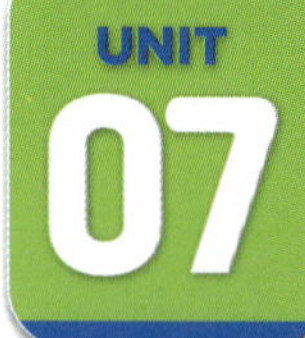

'어디에'라는 뜻의 where는 사람이나 물건이 있는 위치나 장소를 물어볼 때 쓰는 말이에요. 현재의 위치를 물어볼 때는 <Where + am/is/are + 주어>의 순서로 쓰고, 과거에 있었던 대상의 위치를 물어볼 때는 <Where + was/were + 주어>의 순서로 써요.

be동사	주어	부사구 (장소)
Is (있나요?)	the castle (그 성이)	at the top of the beanstalk? (콩나무 줄기의 꼭대기에)

의문사	be동사	주어
Where (어디에)	is (있나요?)	the castle? (그 성이)

강의 & 음원

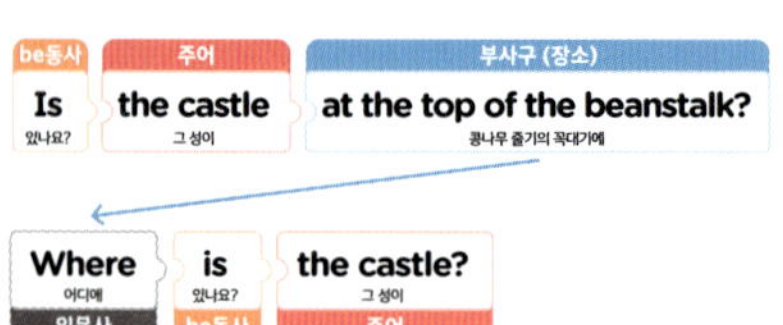

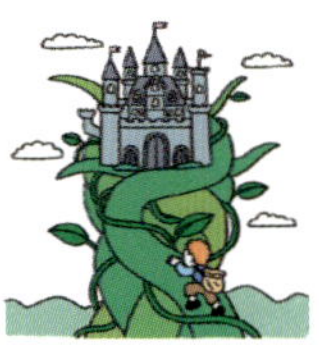

Word Bank 이미지를 보고 알맞은 단어에 체크하세요.

TOPIC: Places in Town

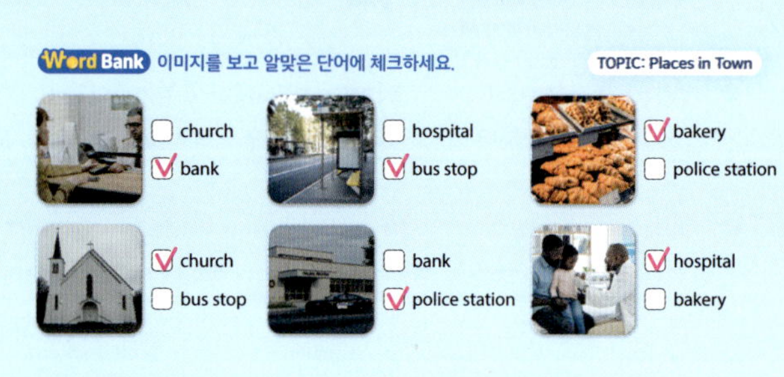

- [ ] church
- [x] bank

- [ ] hospital
- [x] bus stop

- [x] bakery
- [ ] police station

- [x] church
- [ ] bus stop

- [ ] bank
- [x] police station

- [x] hospital
- [ ] bakery

STEP 1 문장 익히기 우리말을 보고 영어 문장을 완성하세요.

	의문사	be동사	주어	
❶	Where (어디에)	is (있나요?)	the church (그 교회는)	?
❷	Where (어디에)	is (있나요?)	the bus stop (그 버스 정류장은)	?
❸	Where (어디에)	is (있나요?)	the hospital (그 병원은)	?
❹	Where (어디에)	are (있나요?)	the banks (그 은행들은)	?
❺	Where (어디에)	are (있나요?)	the bakeries (그 제과점들은)	?
❻	Where (어디에)	was (있었나요?)	the police station (그 경찰서는)	?

Tip! 장소는 말하는 사람과 듣는 사람이 서로 알고 있는 특정한 곳을 가리킬 때가 많아서 보통 the를 함께 써요.

Tip! 문장의 주어가 '은행들'로 여러 개이므로 알맞은 be동사를 써야 해요.

Tip! bakery와 같이 <자음+y>로 끝나는 명사는 -y를 -i로 바꾸고 그 뒤에 -es를 붙여서 복수형을 나타내요.

Tip! 주어의 수와 과거의 의미에 알맞은 be동사를 써야 해요.

STEP 2 문장 만들기 우리말을 보고 영어 문장을 완성하세요.

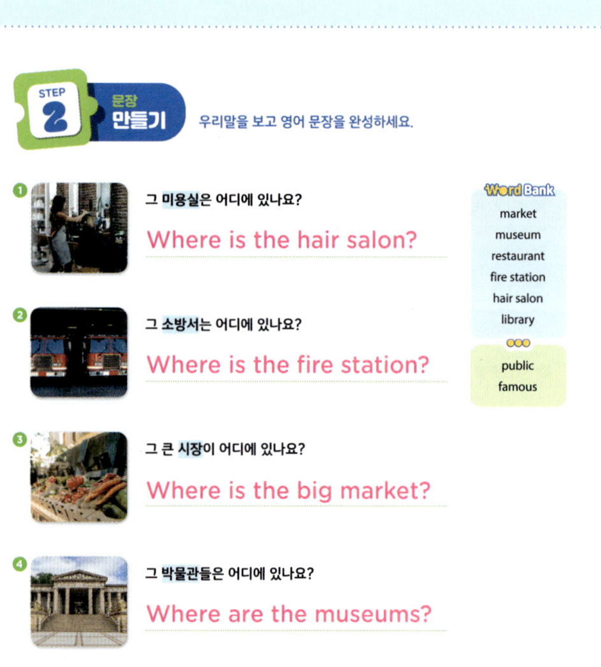

Word Bank: market, museum, restaurant, fire station, hair salon, library / public, famous

❶
그 미용실은 어디에 있나요?
Where is the hair salon?

❷
그 소방서는 어디에 있나요?
Where is the fire station?

❸
그 큰 시장이 어디에 있나요?
Where is the big market?

❹
그 박물관들은 어디에 있나요?
Where are the museums?

❺
그 공공 도서관은 예전에 어디에 있었나요?
Where was the public library before?

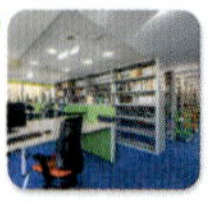

Tip! before는 '예전에, 이전에'라는 뜻으로 뒤에 오는 명사 없이 단독으로 쓰이기도 해요.

❻
그 유명한 식당은 예전에 어디에 있었나요?
Where was the famous restaurant before?

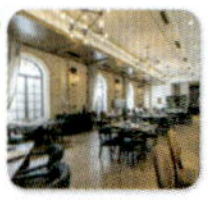

정답 8쪽

STEP 3 문장 확장하기 설명을 읽고, 질문에 대답하는 문장을 완성하세요.

Where 의문문에 답하기

장소를 묻는 Where 의문문에는 장소 표현으로 대답해요. 이때 in, at, on 등의 위치를 나타내는 다양한 표현과 함께 쓸 수 있어요.

Q: Where is the shoe store? (그 신발 가게는 어디에 있나요?)
A: It is in the shopping mall. (그것은 쇼핑몰 안에 있어요.)

Word Bank: next to, across from

❶ Q: Where are the gift shops? (그 기념품 가게들은 어디에 있나요?)
A: They are in the department store.
(그것들은 그 백화점 안에 있어요.)

❷ Q: Where is the hospital? (그 병원은 어디에 있나요?)
A: It is across from the school.
(그것은 그 학교 건너편에 있어요.)

❸ Q: Where is the bus stop? (그 버스 정류장은 어디에 있나요?)
A: It is next to the park.
(그것은 그 공원 옆에 있어요.)

서술형 다음은 마을 지도예요. 지도와 대답을 보고 알맞은 질문을 완성해 보세요.

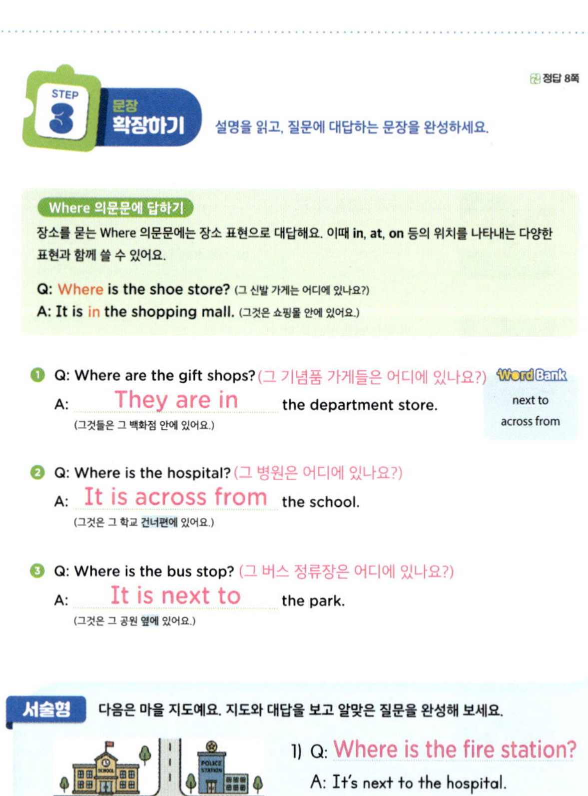

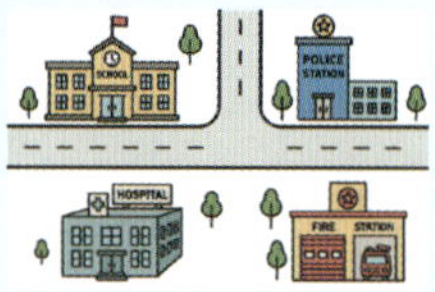

1) Q: Where is the fire station?
A: It's next to the hospital.

2) Q: Where is the police station?
A: It's across from the fire station.

1) 그 소방서는 어디에 있나요?
그것은 병원 옆에 있어요.
2) 그 경찰서는 어디에 있나요?
그것은 소방서 건너편에 있어요.

UNIT 08

When is the giant at home?

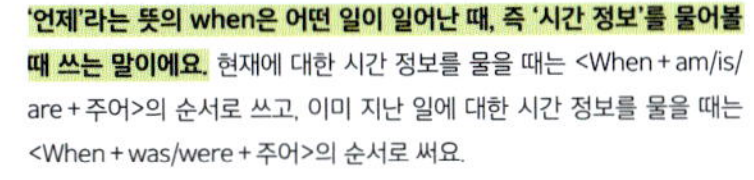

'언제'라는 뜻의 when은 어떤 일이 일어난 때, 즉 '시간 정보'를 물어볼 때 쓰는 말이에요. 현재에 대한 시간 정보를 물을 때는 <When + am/is/are + 주어>의 순서로 쓰고, 이미 지난 일에 대한 시간 정보를 물을 때는 <When + was/were + 주어>의 순서로 써요.

be동사	주어	부사구 (장소)	부사구 (시간)
Is	the giant	at home	in the evening?
있나요?	그 거인은	집에	저녁에

When	is	the giant	at home?
언제	있나요?	그 거인은	집에
의문사	be동사	주어	부사구 (장소)

Word Bank 이미지를 보고 알맞은 단어에 체크하세요.

TOPIC: Special Days

- ☐ birthday
- ☑ field trip

- ☑ anniversary
- ☐ Teachers' Day

- ☐ anniversary
- ☑ Halloween

- ☐ Parents' Day
- ☑ Teachers' Day

- ☑ Parents' Day
- ☐ field trip

- ☐ Halloween
- ☑ birthday

Tip! 특별한 날을 나타내는 말은 '정해진 이름'이므로 첫 글자를 대문자로 써요. 그리고 앞에 a(n)이나 the도 붙이지 않아요.

STEP 1 문장 익히기

우리말을 보고 영어 문장을 완성하세요.

의문사	be동사	주어

① When / is / Halloween ?
언제 / 인가요? / 핼러윈은

② When / is / Teachers' Day ?
언제 / 인가요? / 스승의 날은

③ When / is / Parents' Day ?
언제 / 인가요? / 어버이날은

④ When / was / your birthday ?
언제 / 였니? / 너의 생일은

⑤ When / was / his field trip ?
언제 / 였나요? / 그의 현장학습은

⑥ When / was / their anniversary ?
언제 / 였나요? / 그들의 기념일은

Tip! '그들의'라는 의미를 나타낼 때는 their를 써요.

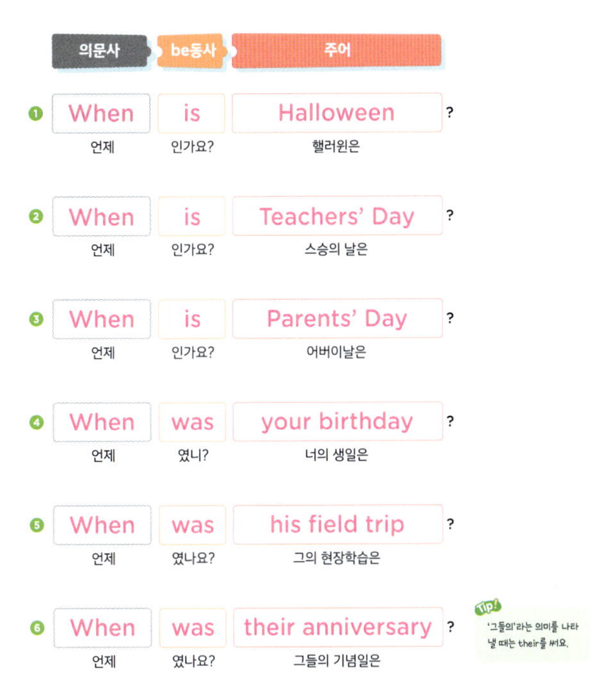

STEP 2 문장 만들기

우리말을 영어 문장으로 쓰세요.

Word Bank
final exams
family trip
pajama party
flea market
Children's Day
the next World Cup

①  어린이날은 언제인가요?
When is Children's Day?

②  다음 월드컵은 언제인가요?
When is the next World Cup?

③  너의 기말고사는 언제니?
When are your final exams?

④  그 파자마 파티는 언제인가요?
When is the pajama party?

⑤  그 학교 벼룩시장은 언제였나요?
When was the school flea market?

⑥  작년 우리의 가족 여행은 언제였지?
When was our family trip last year?

STEP 3 문장 확장하기

설명을 읽고, 질문에 대답하는 문장을 완성하세요.

정답 9쪽

When 의문문에 답하기

때나 시간을 묻는 When 의문문에는 시간 표현이나 날짜로 대답해요. 이때, this(이번), next(다음), last(지난) 뒤에 시간 명사가 오는 경우에는 그 앞에 in, at, on 등을 쓰지 않아요.

Q: When is your math test? (너의 수학 시험은 언제니?)
A: It is next Monday. (그것은 다음 주 월요일이에요.)

① Q: When is Parents' Day? (어버이날은 언제인가요?)
A: It is this Saturday.
(그것은 이번 주 토요일이에요.)

② Q: When was the pajama party? (파자마 파티는 언제였나요?)
A: It was last Friday.
(그것은 지난주 금요일이었어요.)

서술형

다음은 정우의 일정표예요. 일정표와 대답을 보고 알맞은 질문을 완성해 보세요.

Monday	Tuesday	Wednesday	Thursday	Friday
math test		Today	piano contest	

1) Q: When is your piano contest?
A: My contest is tomorrow.

2) Q: When was your math test?
A: My test was on Monday.

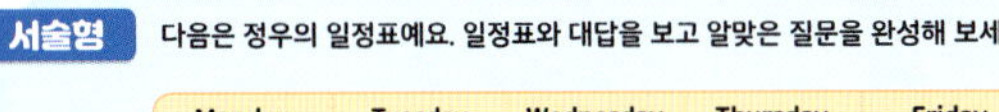
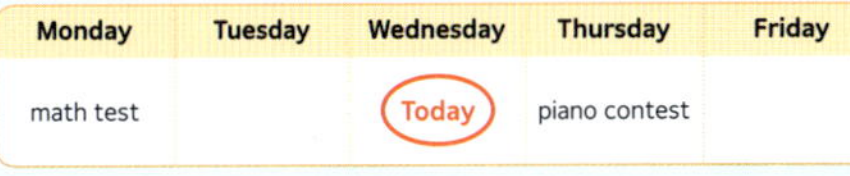

1) 너의 피아노 대회는 언제니?
나의 대회는 내일이에요.

2) 너의 수학 시험은 언제였니?
나의 시험은 월요일이었어요.

정답 **9**

UNIT 09
Where did Jack find the magic harp?

where와 when 의문사 뒤에는 be동사 대신 동작 동사가 올 수도 있어요. 구체적인 동작이나 행동을 어디서 혹은 언제 하거나 했는지를 물어볼 때, <Where/When + do/does/did + 주어 + 동작 동사>의 순서로 쓰면 돼요.

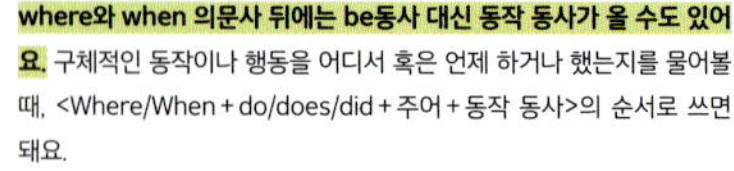

의문사	be동사	주어
Where 어디에	was 있었나요?	the magic harp? 그 마법의 하프는

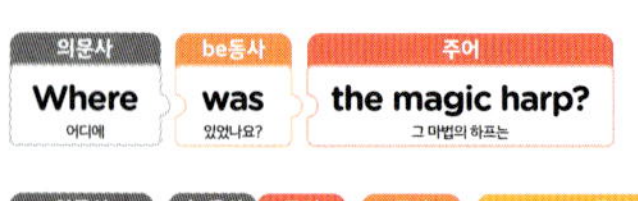

의문사	do동사	주어	동사	목적어
Where 어디에서	did Jack 잭은 ~했나요?	find 찾다	the magic harp? 그 마법의 하프를

Word Bank 이미지를 보고 알맞은 단어에 체크하세요.　　　TOPIC: Travel

- ☑ try
- ☐ book

- ☑ pack
- ☐ spend

- ☐ buy
- ☑ meet

- ☐ pack
- ☑ spend

- ☑ buy
- ☐ try

- ☑ book
- ☐ meet

STEP 1 문장 익히기 우리말을 보고 영어 문장을 완성하세요.

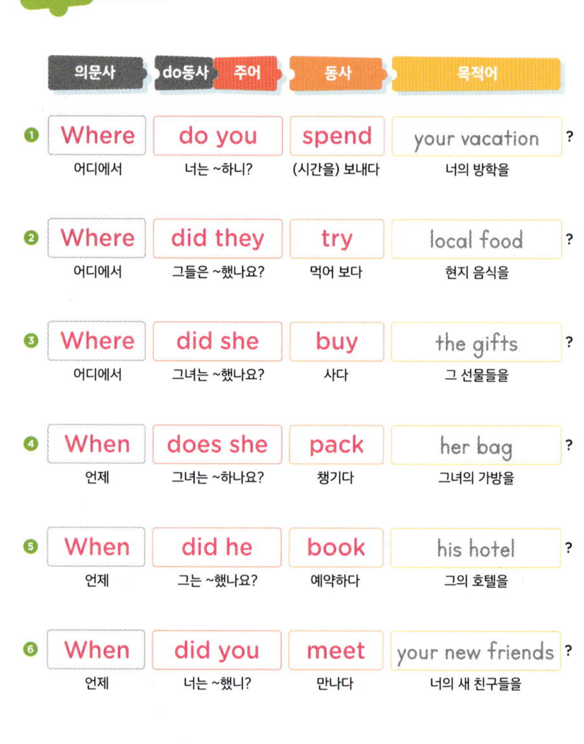

의문사	do동사	주어	동사	목적어

❶ Where (어디에서) | do you (너는 ~하니?) | spend ((시간을) 보내다) | your vacation (너의 방학을) ?

❷ Where (어디에서) | did they (그들은 ~했나요?) | try (먹어 보다) | local food (현지 음식을) ?

❸ Where (어디에서) | did she (그녀는 ~했나요?) | buy (사다) | the gifts (그 선물들을) ?

❹ When (언제) | does she (그녀는 ~하나요?) | pack (챙기다) | her bag (그녀의 가방을) ?

❺ When (언제) | did he (그는 ~했나요?) | book (예약하다) | his hotel (그의 호텔을) ?

❻ When (언제) | did you (너는 ~했니?) | meet (만나다) | your new friends (너의 새 친구들을) ?

STEP 2 문장 만들기 우리말을 영어 문장으로 쓰세요.

Word Bank
exchange
come back
stay
take
●●●
cooking class
selfie

❶ 너는 언제 너의 여행에서 **돌아왔니**?
When did you come back from your trip?

❷ 그는 언제 이 **셀카**를 찍었나요?
Where did he take this selfie?

❸ 그녀는 그녀의 방학 동안 어디에서 **머무르나요**?
Where does she stay during her vacation?

❹ 그들은 어디에서 그 **요리 수업**을 해봤나요?
Where did they try the cooking class?

Tip 동사 try는 '먹어 보다' 외에도 '한 번 해보다, 시도하다'라는 뜻으로 쓸 수 있어요.

❺ 그녀는 언제 그 박물관을 방문했나요?
When did she visit the museum?

❻ 너는 어디에서 돈을 바꾸니(환전하니)?
Where do you exchange money?

STEP 3 문장 확장하기 설명을 읽고, 질문에 대답하는 문장을 완성하세요.

정답 10쪽

과거 표현으로 답하기
이미 지난 일에 대해 물어봤다면 대답도 과거 표현으로 해야 돼요. 즉, 동사 모양을 과거 형태로 바꿔 써야 한다는 점에 유의하세요.

Q: Where **did** you **stay**? (너는 어디에서 머물렀니?)
A: I **stayed** at a hotel near the beach. (나는 해변 근처의 호텔에서 머물렀어.)

❶ Q: When did he come back from his trip? (그는 언제 그의 여행에서 돌아왔나요?)
A: **He came back** at 8 p.m. (그는 오후 8시에 돌아왔어요.)

❷ Q: Where did she buy the postcard? (그녀는 어디에서 그 엽서를 샀나요?)
A: **She bought** it at a gift shop. (그녀는 그것을 기념품 가게에서 샀어요.)

서술형 Oliver의 기차표를 보고, 친구와의 대화문을 완성해 보세요.

1 Jane : **Where did you go** on your trip?
2 Oliver : I went to London.
3 Jane : **When did you go** on your trip?
4 Oliver : I went on my trip on December 21.

1 제인: 너는 어디로 여행을 다녀왔니?
2 올리버: 나는 런던에 갔어.
3 제인: 너는 언제 여행을 갔니?
4 올리버: 나는 12월 21일에 갔어.

UNIT 10

How was the harp's song?

어떤 경험에 대한 느낌이나 소감을 물을 때 how로 문장을 시작해요. 이 때 how는 '어떠한'이라는 뜻으로 보통 <How + be동사 + 주어> 순서로 써요. How 의문문에 대답할 때 fine(괜찮은), good(좋은), great(아주 멋진), wonderful(정말 좋은) 등의 형용사를 쓸 수 있어요.

be동사	주어	보어 (형용사)
Was	**the harp's song**	**beautiful?**
~였나요?	그 하프의 노래가	아름다운

의문사	be동사	주어
How	**was**	**the harp's song?**
어떠한	~였나요?	그 하프의 노래가

Word Bank 이미지를 보고 알맞은 단어에 체크하세요.

TOPIC: Fun Events

- ☑ musical / ☐ movie
- ☐ show / ☑ festival
- ☑ concert / ☐ play
- ☑ movie / ☐ concert
- ☑ play / ☐ festival
- ☐ musical / ☑ show

Tip! show는 '공연'이라는 뜻으로 musical, concert, play 등을 모두 포함하는 넓은 의미의 단어에요.

STEP 1 문장 **익히기** 우리말을 보고 영어 문장을 완성하세요.

의문사	be동사	주어

① **How** **is** **the musical** ?
어떠한 / (상태)인가요? / 그 뮤지컬은

② **How** **is** **the festival** ?
어떠한 / (상태)인가요? / 그 축제는

③ **How** **is** **the concert** ?
어떠한 / (상태)인가요? / 그 콘서트는

④ **How** **was** **the play** ?
어떠한 / (상태)였나요? / 그 연극은

⑤ **How** **were** **the movies** ?
어떠한 / (상태)였나요? / 그 영화들은

⑥ **How** **were** **the shows** ?
어떠한 / (상태)였나요? / 그 공연들은

Tip! 과거의 상태를 묻는 질문에서는 주어의 수에 따라 was와 were 중 알맞은 것을 써야 해요.

STEP 2 문장 **만들기** 우리말을 영어 문장으로 쓰세요.

Word Bank
piano contest
class talent show
parade
soccer game
magic show
sports day

① 그 퍼레이드는 어떤가요?
How is the parade?

② 그들의 축구 경기들은 어땠나요?
How were their soccer games?

③ 그 마술 공연들은 어떤가요?
How are the magic shows?

④ 그녀의 피아노 대회는 어땠나요?
How was her piano contest?

⑤ 학교에서의 그 체육 대회는 어땠나요?
How was the sports day at school?

⑥ 그의 학급 장기자랑은 어땠나요?
How was his class talent show?

STEP 3 문장 **확장하기** 설명을 읽고, 우리말을 영어 문장으로 쓰세요.

<How + 형용사> 의문문

How 뒤에 형용사가 오면 '얼마나 ~한지'를 묻는 의미로 바뀌어요. 이 표현은 길이, 높이, 크기, 나이처럼 구체적인 정도를 물어볼 때 써요.

How old are you? (너는 얼마나 나이가 많니? → 너는 몇 살이니?)
How tall is he? (그는 얼마나 키가 큰가요? → 그는 키가 몇이에요?)
How far is the park? (그 공원은 얼마나 멀리 있나요? → 그 공원까지 거리가 얼마나 되나요?)

① 그 물은 얼마나 차가운가요?
How cold is the water?

② 그 자동차는 얼마나 빠른가요?
How fast is the car?

③ 그 축제는 얼마나 큰가요?
How big is the festival?

서술형 우리말을 보고, 두 친구의 대화를 완성해 보세요.

1 Emma: Hi! **How is your new room?**
(너의 새 방은 어떠니?)

2 Jack: It's great. I like the big window.

3 Emma: Sounds nice. **How far is your new school?**
(너의 새 학교는 얼마나 멀리 있니?)

4 Jack: It takes ten minutes to get there.

1 엠마: 안녕!   3 엠마: 좋네.
2 잭: 정말 좋아. 나는 그 큰 창문을 좋아해.   4 잭: 거기에 도착하려면 10분 걸려.

UNIT 11

How did the giant fall?

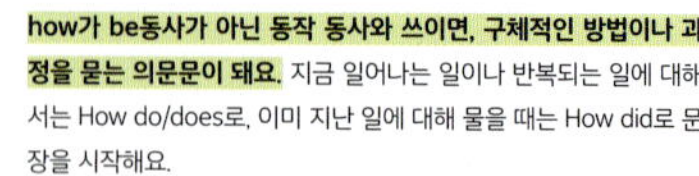

how가 be동사가 아닌 동작 동사와 쓰이면, 구체적인 방법이나 과정을 묻는 의문문이 돼요. 지금 일어나는 일이나 반복되는 일에 대해서는 How do/does로, 이미 지난 일에 대해 물을 때는 How did로 문장을 시작해요.

do동사	주어	동사
Did ~했나요?	**the giant** 그 거인이	**fall?** 떨어지다

의문사	do동사	주어	동사
How 어떻게	**did** ~했나요?	**the giant** 그 거인이	**fall?** 떨어지다

Word Bank 이미지를 보고 알맞은 단어에 체크하세요.　　　TOPIC: Cooking

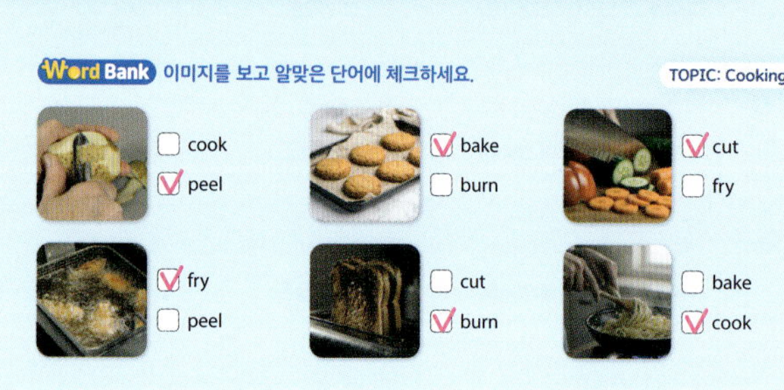

- ☐ cook　☑ peel
- ☑ bake　☐ burn
- ☑ cut　☐ fry
- ☑ fry　☐ peel
- ☐ cut　☑ burn
- ☐ bake　☑ cook

STEP 1 문장 익히기

우리말을 보고 영어 문장을 완성하세요.

의문사	do동사	주어	동사	목적어

❶ **How** 어떻게 | **do you** 너는 ~하니? | **bake** 굽다 | **cookies** 쿠키를 ?

❷ **How** 어떻게 | **do you** 너는 ~하니? | **fry** 튀기다 | **chicken** 치킨을 ?

❸ **How** 어떻게 | **does he** 그는 ~하나요? | **peel** 껍질을 벗기다 | **a potato** 감자를 ?

❹ **How** 어떻게 | **does she** 그녀는 ~하나요? | **cook** 요리하다 | **pasta** 파스타를 ?

❺ **How** 어떻게 | **did he** 그는 ~했나요? | **burn** 태우다 | **the toast** 그 토스트를 ?

❻ **How** 어떻게 | **did she** 그녀는 ~했나요? | **cut** 자르다 | **the carrot** 그 당근을 ?

STEP 2 문장 만들기

우리말을 영어 문장으로 쓰세요.

Word Bank
knife
plate
vegetable
soup
●●●
break
chop
spill

❶ 너는 어떻게 수프를 만드니?
How do you make soup?

❷  그녀는 어떻게 그 우유를 쏟았나요?
How did she spill the milk?

❸ 너는 어떻게 야채들을 잘게 써니?
How do you chop vegetables?

❹ 그는 어떻게 그 접시를 깼나요?
How did he break the plate?

❺ 그녀는 어떻게 칼을 안전하게 사용하나요?
How does she use a knife safely?

❻  너는 어떻게 스스로 라면을 요리했니?
How did you cook ramyeon by yourself?

Tip by yourself는 '(다른 사람의 도움 없이) 스스로의 힘으로'라는 뜻과 '혼자서(= alone)'의 두 가지 뜻을 나타내요.

STEP 3 문장 확장하기

정답 12쪽

설명을 읽고, 우리말을 영어 문장으로 쓰세요.

How can I ~? (어떻게 ~하면 되나요?)
상대방에게 구체적인 방법을 물어볼 때는 <How do I + 동사?>를 쓸 수 있어요. 그런데 can을 붙여 <How can I + 동사?>로 질문하면 조금 더 공손하게 도움을 부탁하는 표현이 돼요.

Q: **How can I** go to the library? (도서관까지 어떻게 가면 되나요?)
A: You can go there by bus. (너는 버스로 거기에 갈 수 있어.)

❶ 어떻게 에어컨을 켜면 되나요?
How can I turn on the air conditioner?

Word Bank
start
turn on

❷ 어떻게 이 게임을 시작하면 되나요?
How can I start this game?

서술형 괄호 안의 단어를 사용하여 도서관 이용 경험에 관한 설문지를 완성해 보세요.

1 Main Street 공공 도서관 설문 조사
2 당신은 어떻게 도서관에 오나요?
3 저는 버스로 여기에 와요.
4 당신은 당신의 책들을 어떻게 고르나요?
5 저는 보통 베스트셀러들을 골라요.
6 당신은 얼마나 자주 도서관을 방문하나요?
7 저는 매주 일요일마다 도서관을 방문해요.

1 **Main Street Public Library Survey**
1. How do you come to the library?
A: *I come here by bus.*
2. **How do you choose your books?** (your books)
A: *I usually choose bestsellers.*
3. **How often do you visit the library?** (how often)
A: *I visit the library every Sunday.*

UNIT 12

Why was Jack's mom happy?

why는 '왜'라는 뜻으로 어떤 상태나 사건의 이유를 물을 때 사용해요. why 뒤에는 동작 동사와 be동사가 모두 올 수 있고, 동작 동사가 뒤에 올 때는 <Why + do/does/did + 주어 + 동작 동사> 순서로 써요.

be동사	주어	보어 (형용사)
Was ~했나요?	Jack's mom 잭의 엄마는	happy? 행복한

의문사	be동사	주어	보어 (형용사)
Why 왜	was ~했나요?	Jack's mom 잭의 엄마는	happy? 행복한

Word Bank 이미지를 보고 알맞은 단어에 체크하세요.   TOPIC: Feelings about Classes

- ☑ bored
- ☐ curious

 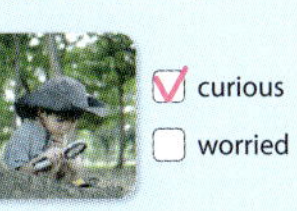
- ☑ curious
- ☐ worried

- ☐ bored
- ☑ interested

- ☐ interested
- ☑ worried

- ☑ like
- ☐ hate

- ☑ hate
- ☐ like

STEP 1 문장 익히기
우리말을 보고 영어 문장을 완성하세요.

의문사	be동사	주어	보어 (형용사)	부사구

1 Why 왜 / are you 너는 ~하니? / bored 지루해하는 / with history class 역사 수업을 ?
Tip '~을 지루해하다'는 bored 뒤에 with를 함께 써요.

2 Why 왜 / are you 너는 ~하니? / interested 관심 있는 / in science class 과학 수업에 ?
Tip '~에 관심이 있다'는 interested 뒤에 in을 함께 써요.

3 Why 왜 / were you 너는 ~했니? / curious 호기심 있는 / about music class 음악 수업에 대해 ?

4 Why 왜 / was she 그녀는 ~했나요? / worried 걱정하는 / about math class 수학 수업에 대해 ?

의문사	do동사	주어	동사	목적어

5 Why 왜 / does he 그는 ~하나요? / like 좋아하다 / English class 영어 수업을 ?

6 Why 왜 / did they 그들은 ~했나요? / hate 싫어하다 / art class 미술 수업을 ?

STEP 2 문장 만들기
우리말을 영어 문장으로 쓰세요.

Word Bank
piano lesson
test
dance class
P.E. class
computer class
break time

1  너는 왜 **춤 수업을** 싫어했니?
Why did you hate dance class?

2 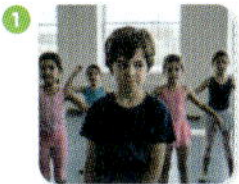 그는 왜 **쉬는 시간 동안** 잠을 잤나요?
Why did he sleep during break time?

3  그녀는 왜 **체육 수업을** 지루해하나요?
Why is she bored with P.E. class?
Tip P.E.는 Physical Education(신체 교육, 체육)의 줄임말이에요.

4  그녀는 왜 그 **피아노 레슨들을** 좋아하나요?
Why does she like the piano lessons?

5  그들은 왜 그 **시험에** 대해 걱정스러워했나요?
Why were they worried about the test?

6  너의 딸은 왜 **컴퓨터 수업에** 관심 있어 하니?
Why is your daughter interested in computer class?

STEP 3 문장 확장하기
설명을 읽고, 질문에 대답하는 문장을 완성하세요.

정답 13쪽

Why 의문문에 답하기
Why로 묻는 질문에는 이유에 해당하는 내용으로 대답해요. 이유를 밝히는 문장에는 보통 because(~ 때문에)를 쓰지만, because 없이 간단히 대답해도 돼요.

Q: **Why** were you at home yesterday? (너는 왜 어제 집에 있었니?)
A: I was at home **because** I had a headache. (저는 두통이 있었기 때문에 집에 있었어요.)

1 (너는 왜 너의 여동생에게 화가 났니?)
Q: Why were you angry at your sister?
A: I was angry **because she shouted at me**.
(그녀가 나한테 소리 질러서 화가 났어요.)
Word Bank shout at

2 Q: Why did you stay in your room? (너는 왜 너의 방 안에 머물렀니?)
A: I felt sick.
(나는 아프다고 느꼈어요.)

서술형 다음은 친구 관계에 대한 설문지예요. 괄호 안의 단어를 사용하여 질문을 완성해 보세요.

Group Survey (조별 설문 조사)
✓ Why are friends important?   (important)
(친구들은 왜 중요한가요?)
✓ Why do you like your friends?   (like)
(당신은 왜 당신의 친구들을 좋아하나요?)
✓ Why do you trust your friends?   (trust)
(당신은 왜 당신의 친구들을 믿나요?)
Ask and answer with your friends!

(당신의 친구들과 함께 질문하고 답변하세요!)

정답 **13**

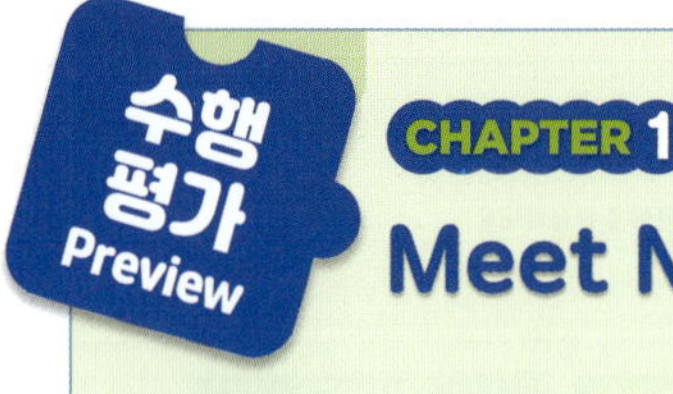

CHAPTER 1
Meet New Friends!

과제 확인 수행평가 과제를 확인해 보세요.

주제	같은 취미나 관심사를 가진 친구를 찾는 질문 만들기
내용	✔ 친구의 성격이나 기분, 감정을 묻는 질문을 포함하기 ✔ 취미나 관심사에 대한 질문을 포함하기
조건	✔ be동사 의문문을 두 개 쓰기 ✔ do/does/did 의문문을 두 개 쓰기

예시 답변 다음 글을 소리 내어 읽으며 따라 써 보세요.

1 Q1: Are you shy?
2 Q2: Are you a soccer fan?
3 Q3: Do you like malatang?
4 Q4: Did you go to Everland this year?

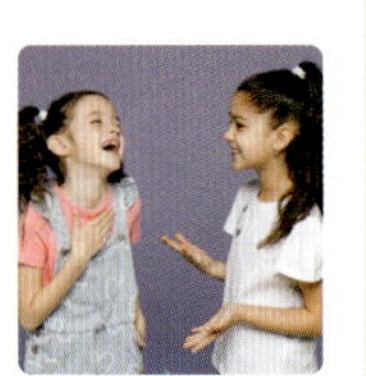

Word Bank

☐ fan 팬, ~을 좋아하는 사람　　☐ this year 올해

1 너는 수줍음이 많니?　　3 너는 마라탕을 좋아하니?
2 너는 축구 팬이니?　　4 너는 올해 에버랜드에 갔니?

24 LEVEL 3

🔑 정답 14쪽

내 답변 아래 표현들을 활용해 내 답변을 완성해 보세요.

1 Q1: Are you a good cook?
2 Q2: Are you a movie fan?
3 Q3: Do you play basketball?
4 Q4: Did you go to a concert this year?

Word Bank

☐ funny 웃기는, 재미있는
☐ a good cook 요리를 잘 하는 사람
☐ watch YouTube videos 유튜브 영상을 보다
☐ play basketball 농구를 하다
☐ travel abroad 해외로 여행 가다

☐ smart 똑똑한
☐ a movie fan 영화 팬
☐ love animals 동물들을 사랑하다
☐ hate bugs 벌레를 싫어하다
☐ go to a concert 콘서트에 가다

1 너는 요리를 잘하는 사람이니?
2 너는 영화 팬이니?
3 너는 농구를 하니?
4 너는 올해 콘서트에 갔니?

Checklist 내가 쓴 글을 보며 과제를 잘 했는지 평가해 보세요.

평가 요소		
1. 친구의 성격이나 기분, 감정을 묻는 질문을 포함했나요?	☐ Yes	☐ No
2. 나의 취미나 관심사에 대한 질문을 포함했나요?	☐ Yes	☐ No
3. be동사 의문문을 두 개 썼나요?	☐ Yes	☐ No
4. do/does/did 의문문을 두 개 썼나요?	☐ Yes	☐ No

수행평가 Preview 25

CHAPTER 2
An Interview with Your Parents

과제 확인 수행평가 과제를 확인해 보세요.

주제	부모님의 일상에 대해 질문하기
내용	✔ 부모님의 일, 취미 등에 대한 질문 네 개 포함하기
조건	✔ What 의문문을 한 개 이상 포함하기 ✔ Who 의문문을 한 개 이상 포함하기 ✔ <What＋명사> 혹은 <Whose＋명사> 의문문을 한 개 포함하기

예시 답변 다음 글을 소리 내어 읽으며 따라 써 보세요.

1 Q1: What was your dream?
2 Q2: Who is your best friend?
3 Q3: What do you do at work?
4 Q4: What food do you like the most?

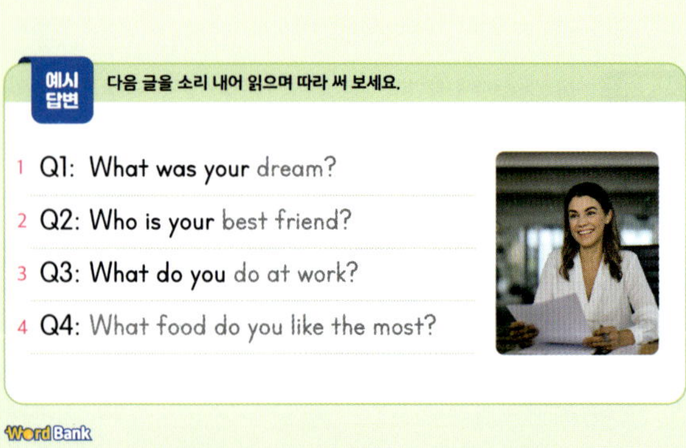

Word Bank

☐ best friend 가장 친한 친구, 단짝 친구　　☐ work 직장, 일　　☐ the most 가장 많이

1 당신의 꿈은 무엇이었나요?　　3 당신은 직장에서 무슨 일을 하나요?
2 당신의 가장 친한 친구는 누구인가요?　　4 당신이 가장 많이 좋아하는 음식은 무엇인가요?

40 LEVEL 3

🔑 정답 14쪽

내 답변 아래 표현들을 활용해 내 답변을 완성해 보세요.

1 Q1: What is／was your favorite memory?
2 Q2: Who is your role model?
3 Q3: What do you do in your free time?
4 Q4: Whose songs do you like the most?

Word Bank

☐ role model 롤 모델, 존경하는 사람
☐ exercise 운동
☐ free time 여가 시간
☐ wake up 일어나다

☐ favorite memory 가장 좋아하는 추억
☐ hobby 취미
☐ TV show TV 프로그램
☐ go to bed 잠자리에 들다

1 당신의 가장 좋아하는 추억은 무엇인가요?
2 당신의 롤 모델은 누구인가요?
3 당신은 여가 시간에 무엇을 하나요?
4 당신은 누구의 노래를 가장 많이 좋아하나요?

Checklist 내가 쓴 글을 보며 과제를 잘 했는지 평가해 보세요.

평가 요소		
1. 부모님의 일, 취미 등 일상에 관한 질문을 네 개 이상 포함했나요?	☐ Yes	☐ No
2. What과 Who 의문문을 각 한 개 이상 포함 사용했나요?	☐ Yes	☐ No
3. <What＋명사>나 <Whose＋명사> 의문문을 한 개 포함했나요?	☐ Yes	☐ No
4. 대문자, 마침표, 철자가 올바른가요?	☐ Yes	☐ No

수행평가 Preview 41

CHAPTER 3
Tell Us about Your Trip!

정답 15쪽

과제 확인 수행평가 과제를 확인해 보세요.

주제	한국을 방문한 외국 관광객들에게 설문조사하기
내용	✔ 한국 여행 경험에 관한 질문 네 개 이상 구성하기
조건	✔ When·Where 의문문을 각각 한 개 포함하기 ✔ Who·What 의문문을 각각 한 개 포함하기 ✔ 여행 경험에 대한 질문이므로 과거로 질문하기

예시 답변 다음 글을 소리 내어 읽으며 따라 써 보세요.

1 Q1: **When** did you visit Korea?
2 Q2: **Where** did you stay in Korea?
3 Q3: **Who** did you meet in Korea?
4 Q4: **What** place did you enjoy the most?

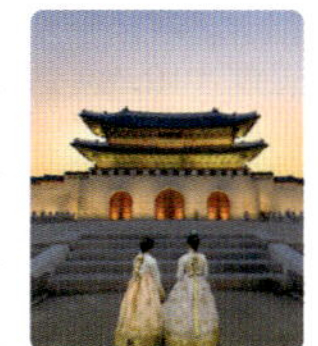

Word Bank
☐ place 장소   ☐ enjoy 즐기다   ☐ the most 가장 많이

1 당신은 언제 한국에 방문했나요?
2 당신은 한국에서 어디에 머물렀나요?
3 당신은 한국에서 누구를 만났나요?
4 당신은 어떤 장소를 가장 많이 즐겼나요?

내 답변 아래 표현들을 활용해 내 답변을 완성해 보세요.

1 Q1: When **was your first trip to Korea?**
2 Q2: Where **did you go first in Korea?**
3 Q3: Who **did you visit a palace with?**
4 Q4: **What local food did you try?**

Word Bank
☐ go first 처음으로 가다   ☐ try local food 현지 음식을 먹어 보다
☐ interesting activity 흥미로운 활동   ☐ memorable experience 기억에 남는 경험
☐ souvenir 기념품   ☐ visit a palace 궁궐을 방문하다
☐ landmark 유명한 건물이나 장소   ☐ tourist attraction 관광명소

1 당신의 한국 첫 여행은 언제였나요?
2 당신은 한국에서 어디를 처음으로 갔나요?
3 당신은 누구와 함께 궁궐을 방문하였나요?
4 당신은 어떤 현지 음식들을 먹어봤나요?

Checklist 내가 쓴 글을 보며 과제를 잘 했는지 평가해 보세요.

평가 요소		
1. 한국 여행 경험에 관한 질문을 네 개 이상 구성했나요?	Yes	No
2. When·Where 의문문을 각각 한 개씩 포함했나요?	Yes	No
3. Who·What 의문문을 각각 한 개씩 포함했나요?	Yes	No
4. 대문자, 마침표, 철자가 올바른가요?	Yes	No

CHAPTER 4
An Interview with a Star

정답 15쪽

과제 확인 수행평가 과제를 확인해 보세요.

주제	좋아하는 유명인 인터뷰하기
내용	✔ 유명인에게 질문할 문장 네 개 만들기 ✔ 질문 내용은 자유롭게 선택 가능 (예: 취미, 하루 일과, 감정 등)
조건	✔ How 의문문 한 개 이상 포함하기 ✔ Why 의문문 한 개 이상 포함하기 ✔ Where 또는 When 의문문을 한 개 포함하기

예시 답변 다음 글을 소리 내어 읽으며 따라 써 보세요.

1 An Interview with Son Heungmin
2 Q1: **Why** did you become a soccer player?
3 Q2: **How** do you practice your skills?
4 Q3: **When** do you take a break?
5 Q4: **How** is your team?

Word Bank
☐ practice 연습하다   ☐ skill 기술   ☐ take a break 휴식을 취하다

1 손흥민과의 인터뷰
2 당신은 왜 축구선수가 되었나요?
3 당신은 어떻게 당신의 기술들을 연습하시나요?
4 당신은 언제 휴식을 취하시나요?
5 당신의 팀은 어떤가요?

내 답변 아래 표현들을 활용해 내 답변을 완성해 보세요.

1 An Interview with **Jennie**
2 Q1: Why **did you become a singer?**
3 Q2: How **did you achieve your goals?**
4 Q3: When/Where **do you usually practice singing?**
5 Q4: How **can I become a great singer like you?**

Word Bank
☐ singer 가수   ☐ photographer 사진작가
☐ YouTuber 유튜버   ☐ pilot 조종사
☐ designer 디자이너   ☐ artist 예술가
☐ achieve a goal 목표를 이루다[달성하다]   ☐ choose a job 직업을 선택하다
☐ biggest achievement 가장 큰 성취[업적]   ☐ next goal 다음 목표

1 제니와의 인터뷰
2 당신은 왜 가수가 되었나요?
3 당신은 어떻게 당신의 목표를 이루었나요?
4 당신은 보통 언제 노래를 연습하나요?
5 어떻게 하면 당신처럼 훌륭한 가수가 될 수 있나요?

Checklist 내가 쓴 글을 보며 과제를 잘 했는지 평가해 보세요.

평가 요소		
1. 좋아하는 유명인에게 할 질문 네 개를 만들었나요?	Yes	No
2. How·Why 의문문을 각각 한 개 이상 포함했나요?	Yes	No
3. Where 또는 When 의문문을 한 개 포함했나요?	Yes	No
4. 대문자, 마침표, 철자가 올바른가요?	Yes	No

정답 15

A 괄호 안의 단어를 배열하여 문장을 완성하세요.

1 이 모자는 인기가 많은가요? (cap, popular, this, is)
Is this cap popular?

2 그녀는 두통이 있나요? (she, headache, a, have, does)
Does she have a headache?

3 그 신발들은 편안한가요? (comfortable, the, shoes, are)
Are the shoes comfortable?

4 너는 콧물이 흐르는 증상이 있니? (you, runny, have, do, a, nose)
Do you have a runny nose?

5 그는 목이 아픈 증상이 있나요? (a, sore, he, have, does, throat)
Does he have a sore throat?

B 〈보기〉의 표현을 활용하여 우리말을 영어 문장으로 쓰세요.

보기
dry
sick
pants
socks
popular

6 이것들은 너의 양말들이니?
Are these your socks?

7 그는 아프다고 느끼나요?
Does he feel sick?

8 그 부츠들은 인기가 많았나요?
Were the boots popular?

9 너의 눈이 건조하다고 느끼니?
Do your eyes feel dry?

10 저 바지는 저렴한가요?
Are those pants cheap?

C 밑줄 친 부분을 바르게 고쳐 문장을 다시 쓰세요.

11 <u>Are</u> this Ben's coat?
Is this Ben's coat?

12 <u>Does</u> your feet feel cold?
Do your feet feel cold?

13 <u>Was</u> these sneakers warm?
Were these sneakers warm?

14 Are those <u>sweater</u> thick?
Are those sweaters thick?

15 Does <u>you</u> feel weak?
Do you feel weak?

D 우리말을 영어 문장으로 쓰세요.

16 이 드레스는 너무 짧나요? (short)
Is this dress too short?

17 그녀는 열이 있나요? (fever)
Does she have a fever?

18 너의 다리가 지금 가렵다고 느끼니? (itchy)
Does your leg feel itchy now?

19 이것은 새로운 치마 인가요? (skirt)
Is this a new skirt?

20 너는 요즘 피곤하다고 느끼니? (these days)
Do you feel tired these days?

A 괄호 안의 단어를 배열하여 문장을 완성하세요.

1 저 자켓은 얇은가요? (jacket, thin, that, is)
Is that jacket thin?

2 너는 너의 고양이를 빗질해 주었니? (your, did, brush, cat, you)
Did you brush your cat?

3 너는 치통이 있니? (toothache, do, a, have, you)
Do you have a toothache?

4 그녀는 그 개집을 청소했나요? (the, did, she, doghouse, clean)
Did she clean the doghouse?

5 너의 팔은 가렵다고 느끼니? (does, itchy, feel, arm, your)
Does your arm feel itchy?

B 〈보기〉의 표현을 활용하여 우리말을 영어 문장으로 쓰세요.

보기
a treat
vet
on sale
cold
train
often

6 이 모자는 할인 중인가요?
Is this cap[hat] on sale?

7 너는 자주 감기에 걸리니?
Do you often have a cold?

8 그녀는 그녀의 고양이를 그 수의사에게 데려갔나요?
Did she take her cat to the vet?

9 그는 그의 반려동물을 훈련시켰나요?
Did he train his pet?

10 너는 너의 개에게 간식을 주었니?
Did you give your dog a treat?
[Did you give a treat to your dog?]

C 밑줄 친 부분을 바르게 고쳐 문장을 다시 쓰세요.

11 Did she <u>cleans</u> the cage?
Did she clean the cage?

12 <u>Does</u> you have a runny nose?
Do you have a runny nose?

13 <u>Are</u> this a popular T-shirt?
Is this a popular T-shirt?

14 Did your leg <u>feels</u> sore?
Did your leg feel sore?

15 Do you <u>had</u> a sore throat now?
Do you have a sore throat now?

D 우리말을 영어 문장으로 쓰세요.

16 그녀는 그녀의 개를 산책시켰나요? (walk)
Did she walk her dog?

17 그 코트는 저렴한가요? (coat)
Is the coat cheap?

18 너는 그 물그릇을 채웠니? (water bowl)
Did you fill the water bowl?

19 너의 딸은 기침이 있니? (cough)
Does your daughter have a cough?

20 너는 너의 햄스터에게 먹이를 주었니? (feed)
Did you feed your hamster?

A 괄호 안의 단어를 배열하여 문장을 완성하세요.

1 그의 꿈은 무엇인가요? (dream, what, his, is)
What is his dream?

2 너의 가장 좋아하는 스포츠는 무엇이니? (your, favorite, is, sport, what)
What is your favorite sport?

3 그 부츠들은 편안한가요? (the, are, boots, comfortable)
Are the boots comfortable?

4 너의 딸은 그 물고기에게 먹이를 주었니? (feed, did, the, your, fish, daughter)
Did your daughter feed the fish?

5 그녀는 자주 목이 아픈 증상이 있나요? (a, she, have, does, sore, often, throat)
Does she often have a sore throat?

B 〈보기〉의 표현을 활용하여 우리말을 영어 문장으로 쓰세요.

〈보기〉
newest
bathe
food
dream job
fever

6 그의 가장 좋아하는 음식은 무엇인가요?
What is his favorite food?

7 그녀의 꿈의 직업은 무엇이었나요?
What was her dream job?

8 그의 아들은 열이 있나요?
Does his son have a fever?

9 너는 너의 개를 씻겨 주었니?
Did you bathe your dog?

10 너의 가장 새로운 장난감은 무엇이니?
What is your newest toy?

C 밑줄 친 부분을 바르게 고쳐 문장을 다시 쓰세요.

11 What are your favorite subject?
What is your favorite subject?

12 Did he trimmed his dog's nails?
Did he trim his dog's nails?

13 Does your daughter has a headache?
Does your daughter have a headache?

14 Is these expensive socks?
Are these expensive socks?

15 What the most popular sport is in Korea?
What is the most popular sport in Korea?

D 우리말을 영어 문장으로 쓰세요.

16 그의 취미는 무엇인가요? (hobby)
What is his hobby?

17 그 개집은 따뜻한가요? (doghouse)
Is the doghouse warm?

18 그녀의 가장 좋아하는 색은 무엇인가요? (color)
What is her favorite color?

19 그는 그 새장을 청소했나요? (cage)
Did he clean the cage?

20 너는 너의 개를 그 수의사에게 데려갔니? (vet)
Did you take your dog to the vet?

A 괄호 안의 단어를 배열하여 문장을 완성하세요.

1 그 안경을 쓴 그 여자아이는 누구인가요? (girl, glasses, with, who, the, is, the)
Who is the girl with the glasses?

2 너의 가장 좋아하는 간식은 무엇이니? (is, snack, what, your, favorite)
What is your favorite snack?

3 그 넥타이를 맨 그 남자는 누구인가요? (man, the, tie, with, is, the, who)
Who is the man with the tie?

4 너의 아들은 치통이 있니? (a, toothache, son, does, have, your)
Does your son have a toothache?

5 그 목도리를 한 그 여자는 누구인가요? (woman, with, who, is, the, scarf, the)
Who is the woman with the scarf?

B 〈보기〉의 표현을 활용하여 우리말을 영어 문장으로 쓰세요.

〈보기〉
weak
hamster
sunglasses
season
the leader

6 당신 그룹의 리더는 누구인가요?
Who is the leader of your group?

7 그는 그의 햄스터에게 먹이를 줬나요?
Did he feed his hamster?

8 너는 자주 기운이 없다고 느끼니?
Do you often feel weak?

9 그녀의 가장 좋아하는 계절은 무엇인가요?
What is her favorite season?

10 선글라스를 쓰고 있는 그 남자아이들은 누구인가요?
Who are the boys with sunglasses?

C 밑줄 친 부분을 바르게 고쳐 문장을 다시 쓰세요.

11 Did she brushes her cat?
Did she brush her cat?

12 What are your mom's phone number?
What is your mom's phone number?

13 Was the shoes popular?
Were the shoes popular?

14 What is the woman with curly hair?
Who is the woman with curly hair?

15 Who is your favorite hobby?
What is your favorite hobby?

D 우리말을 영어 문장으로 쓰세요.

16 그녀의 직업은 무엇이었나요? (job)
What was her job?

17 그 갈색 벨트를 맨 그 남자아이는 누구인가요? (belt)
Who is the boy with the brown belt?

18 이 빨간 코트는 따뜻한가요? (warm)
Is this red coat warm?

19 너는 너의 개를 산책시켰니? (walk)
Did you walk your dog?

20 그 파란색 바지를 입은 그 키 큰 남자는 누구인가요? (pants)
Who is the tall man with the blue pants?

A 괄호 안의 단어를 배열하여 문장을 완성하세요.

1 너는 가을에 무엇을 입니? (wear, do, fall, what, in, you)
What do you wear in fall?

2 그녀의 전화번호는 무엇이니? (is, number, what, phone, her)
What is her phone number?

3 그 안경을 쓴 그 선생님은 누구인가요? (teacher, glasses, the, who, the, with, is)
Who is the teacher with the glasses?

4 너는 눈 오는 날에 무엇을 하니? (you, what, days, on, do, snowy, do)
What do you do on snowy days?

5 너희들은 여름에 무엇을 즐기니? (enjoy, what, you, in, do, summer)
What do you enjoy in summer?

B 〈보기〉의 표현을 활용하여 우리말을 영어 문장으로 쓰세요.

〈보기〉
now
rainy days
subject
the flowers
a treat

6 그녀는 그녀의 개에게 간식을 주었나요?
Did she give her dog a treat?
[Did she give a treat to her dog?]

7 그녀의 가장 좋아하는 과목은 무엇인가요?
What is her favorite subject?

8 너는 비 오는 날에 누구와 함께 노니?
Who do you play with on rainy days?

9 그 꽃들을 들고 있는 그 여자아이는 누구인가요?
Who is the girl with the flowers?

10 지금은 몇 시인가요?
What time is it now?

C 밑줄 친 부분을 바르게 고쳐 문장을 다시 쓰세요.

11 What is day it today?
What day is it today?

12 Who necklace is this?
Whose necklace is this?

13 What are his favorite animal?
What is his favorite animal?

14 Did you taked your dog outside?
Did you take your dog outside?

15 Who you do plant trees with?
Who do you plant trees with?

D 우리말을 영어 문장으로 쓰세요.

16 그의 꿈은 무엇인가요? (dream)
What is his dream?

17 Tom은 복통이 있나요? (stomachache)
Does Tom have a stomachache?

18 그 빨간 리본을 단 그 여자아이는 누구인가요? (ribbon)
Who is the girl with the red ribbon?

19 너는 새해 첫날에 누구를 방문하니? (New Year's Day)
Who do you visit on New Year's Day?

20 너는 겨울 방학 동안에 누구와 함께 스키를 타니? (ski)
Who do you ski with during winter vacation?

A 괄호 안의 단어를 배열하여 문장을 완성하세요.

1 그 시장은 어디에 있나요? (market, is, the, where)
Where is the market?

2 그녀는 그녀의 개를 훈련시켰나요? (she, dog, did, her, train)
Did she train her dog?

3 그 기념품 가게는 어디에 있나요? (is, gift, where, the, shop)
Where is the gift shop?

4 그는 콧물이 흐르는 증상이 있나요? (have, runny, a, does, he, nose)
Does he have a runny nose?

5 그 경찰서는 예전에 어디에 있었나요? (police, where, before, station, was, the)
Where was the police station before?

B 〈보기〉의 표현을 활용하여 우리말을 영어 문장으로 쓰세요.

〈보기〉
build
new
famous
stage
museum
sandcastle

6 이것은 새로운 코트인가요?
Is this a new coat?

7 그 박물관은 어디에 있나요?
Where is the museum?

8 무대 위의 그 가수는 누구인가요?
Who is the singer on stage?

9 그 유명한 병원은 어디에 있었나요?
Where was the famous hospital?

10 그녀는 누구와 함께 모래성들을 만드나요?
Who does she build sandcastles with?

C 밑줄 친 부분을 바르게 고쳐 문장을 다시 쓰세요.

11 Where are the famous bakery?
Where are the famous bakeries?

12 Who does the teacher with the red glasses?
Who is the teacher with the red glasses?

13 Where were the fire station before?
Where was the fire station before?

14 What does she does on snowy days?
What does she do on snowy days?

15 What did you go on a picnic with yesterday?
Who did you go on a picnic with yesterday?

D 우리말을 영어 문장으로 쓰세요.

16 그것들은 누구의 장난감들인가요? (toy)
Whose toys are they?

17 그녀의 가장 좋아하는 가방은 무엇인가요? (favorite)
What is her favorite bag?

18 그 인기 있는 미용실은 어디에 있었나요? (hair salon)
Where was the popular hair salon?

19 그 검은색 넥타이를 맨 그 남자아이는 누구인가요? (tie)
Who is the boy with the black tie?

20 그 새로운 식당은 어디에 있나요? (restaurant)
Where is the new restaurant?

A 괄호 안의 단어를 배열하여 문장을 완성하세요.

❶ 그의 학교는 어디에 있나요? (is, his, where, school)
Where is his school?

❷ 다음 수학 시험은 언제인가요? (is, math, when, the, next, test)
When is the next math test?

❸ 그 새로운 은행은 어디에 있나요? (new, is, bank, where, the)
Where is the new bank?

❹ 그는 자주 그의 고양이를 씻겨 주나요? (does, his, often, bathe, he, cat)
Does he often bathe his cat?

❺ 너의 부모님의 기념일은 언제니? (your, is, anniversary, when, parents')
When is your parents' anniversary?

B 보기의 표현을 활용하여 우리말을 영어 문장으로 쓰세요.

보기
birthday
doghouse
the last World Cup
favorite
field trip

❻ 너희들의 현장학습은 언제였니?
When was your field trip?

❼ 너의 엄마의 생일은 언제니?
When is your mom's birthday?

❽ 너의 가장 좋아하는 취미는 무엇이니?
What is your favorite hobby?

❾ 지난 월드컵은 언제였나요?
When was the last World Cup?

❿ 너는 누구와 함께 그 개집을 청소했니?
Who did you clean the doghouse with?

C 밑줄 친 부분을 바르게 고쳐 문장을 다시 쓰세요.

⓫ When are Teachers' Day?
When is Teachers' Day?

⓬ Where are the new museum?
Where is the new museum?

⓭ Are this your favorite hair salon?
Is this your favorite hair salon?

⓮ When were the school flea market?
When was[is] the school flea market?

⓯ What does you wear in fall?
What do you wear in fall?

D 우리말을 영어 문장으로 쓰세요.

⓰ 그녀의 가족 여행은 언제인가요? (family trip)
When is her family trip?

⓱ 그 공공 도서관은 어디에 있나요? (public)
Where is the public library?

⓲ 그는 자주 피곤하다고 느끼나요? (tired)
Does he often feel tired?

⓳ 그 시장은 예전에 어디에 있었나요? (before)
Where was the market before?

⓴ 어버이날은 언제인가요? (Parents' Day)
When is Parents' Day?

A 괄호 안의 단어를 배열하여 문장을 완성하세요.

❶ 그녀의 꿈의 직업은 무엇인가요? (is, job, what, her, dream)
What is her dream job?

❷ 그는 어디에서 현지 음식을 먹어봤나요? (he, did, food, try, where, local)
Where did he try local food?

❸ 너는 언제 너의 가방을 챙겼니? (your, did, bag, pack, you, when)
When did you pack your bag?

❹ 너의 아들의 기말고사는 언제니? (son's, are, exams, when, your, final)
When are your son's final exams?

❺ 그들은 어디에서 돈을 바꿨나요? (money, exchange, they, where, did)
Where did they exchange money?

B 보기의 표현을 활용하여 우리말을 영어 문장으로 쓰세요.

보기
family trip
museum
selfie
water bowl
rainy days

❻ 너는 그 물그릇을 채웠니?
Did you fill the water bowl?

❼ 그들은 비 오는 날에 무엇을 했나요?
What did they do on rainy days?

❽ 너의 다음 가족 여행은 언제니?
When is your next family trip?

❾ 너는 어디에서 이 셀카를 찍었니?
Where did you take this selfie?

❿ 그녀는 언제 그 박물관을 방문했나요?
When did she visit the museum?

C 밑줄 친 부분을 바르게 고쳐 문장을 다시 쓰세요.

⓫ Was the pants warm?
Were[Are] the pants warm?

⓬ When the pajama party are?
When is[was] the pajama party?

⓭ When was you book the hotel?
When did you book the hotel?

⓮ What you do usually do in summer?
What do you usually do in summer?

⓯ Where did she went on her trip?
Where did she go on her trip?

D 우리말을 영어 문장으로 쓰세요.

⓰ 어린이날은 언제인가요? (Children's Day)
When is Children's Day?

⓱ 그녀는 독감에 걸렸나요? (the flu)
Does she have the flu?

⓲ 그는 언제 그의 새 친구들을 만났나요? (meet)
When did he meet his new friends?

⓳ 그 파란색 자켓을 입은 그 남자는 누구인가요? (jacket)
Who is the man with the blue jacket?

⓴ 그들은 그들의 방학 동안 어디에서 머물렀나요? (stay)
Where did they stay during their vacation?

A 괄호 안의 단어를 배열하여 문장을 완성하세요.

① 그 여행은 어땠나요? (the, was, trip, how)
How was the trip?

② 너는 너의 개를 산책시켰니? (dog, did, your, walk, you)
Did you walk your dog?

③ 너는 그 새장을 자주 청소하니? (you, clean, often, do, cage, the)
Do you often clean the cage?

④ 그 병원은 얼마나 큰가요? (hospital, big, the, is, how)
How big is the hospital?

⑤ 그녀는 그녀의 방학을 어디에서 보냈나요? (did, vacation, she, where, spend, her)
Where did she spend her vacation?

B 〈보기〉의 표현을 활용하여 우리말을 영어 문장으로 쓰세요.

〈보기〉
fast
gloves
concert
cooking class
at school

⑥ 그 장갑은 저렴한가요?
Are the gloves cheap?

⑦ 그 요리 수업은 어땠나요?
How was the cooking class?

⑧ 그녀의 콘서트는 언제인가요?
When is her concert?

⑨ 그의 자동차는 얼마나 빠른가요?
How fast is his car?

⑩ 학교에서 너의 새 친구들은 어때?
How are your new friends at school?

C 밑줄 친 부분을 바르게 고쳐 문장을 다시 쓰세요.

⑪ How warm the boots are?
How warm are the boots?

⑫ Where you visited during your trip?
Where did you visit during your trip?

⑬ How were her piano contest yesterday?
How was her piano contest yesterday?

⑭ Who are the main singer in your group?
Who is the main singer in your group?

⑮ Who do you wear on snowy days?
What do you wear on snowy days?

D 우리말을 영어 문장으로 쓰세요.

⑯ 너의 목도리는 어디에 있니? (scarf)
Where is your scarf?

⑰ 그의 연극은 어땠나요? (play)
How was his play?

⑱ 그녀의 가장 좋아하는 장난감은 무엇인가요? (toy)
What is her favorite toy?

⑲ 너의 새 목걸이는 어떠니? (necklace)
How is your new necklace?

⑳ 그들은 언제 그들의 여행에서 돌아왔나요? (come back)
When did they come back from their trip?

A 괄호 안의 단어를 배열하여 문장을 완성하세요.

① 너의 엄마는 어떻게 쿠키들을 굽니? (does, cookies, how, mom, bake, your)
How does your mom bake cookies?

② 그 새로운 식당은 어디에 있나요? (new, the, is, restaurant, where)
Where is the new restaurant?

③ 그의 마술 공연은 어땠나요? (was, magic, his, show, how)
How was his magic show?

④ 너는 언제 너의 개를 씻겨 주었니? (bathe, did, your, when, you, dog)
When did you bathe your dog?

⑤ 그녀는 어떻게 그 토스트를 태웠나요? (burn, how, she, toast, the, did)
How did she burn the toast?

B 〈보기〉의 표현을 활용하여 우리말을 영어 문장으로 쓰세요.

〈보기〉
safely
spend
chop
movie
book

⑥ 그 책은 어땠나요?
How was the book?

⑦ 너는 어떻게 칼을 안전하게 사용하니?
How do you use a knife safely?

⑧ 그는 그의 방학을 어디에서 보냈나요?
Where did he spend his vacation?

⑨ 너의 가장 좋아하는 영화는 무엇이니?
What is your favorite movie?

⑩ 너의 엄마는 어떻게 야채들을 잘게 써니?
How does your mom chop vegetables?

C 밑줄 친 부분을 바르게 고쳐 문장을 다시 쓰세요.

⑪ How did he spilled the water?
How did he spill the water?

⑫ How I can turn on the air conditioner?
How can I turn on the air conditioner?

⑬ Who does the woman with curly hair?
Who is the woman with curly hair?

⑭ Do your son have a runny nose?
Does your son have a runny nose?

⑮ How do you break the plate yesterday?
How did you break the plate yesterday?

D 우리말을 영어 문장으로 쓰세요.

⑯ 그 수프는 얼마나 따뜻한가요? (warm)
How warm is the soup?

⑰ 그는 어떻게 치킨을 튀기나요? (fry)
How does he fry chicken?

⑱ 그녀의 학급 장기자랑은 어땠나요? (class talent show)
How was her class talent show?

⑲ 너는 어떻게 그 당근을 잘랐니? (cut)
How did you cut the carrot?

⑳ 너는 지난 여름에 누구와 여행을 갔니? (travel)
Who did you travel with last summer?

 괄호 안의 단어를 배열하여 문장을 완성하세요.

❶ 그녀는 수업 시간 동안 피곤하다고 느꼈나요? (she, class, feel, during, tired, did)
Did she feel tired during class?

❷ 그는 왜 체육 수업을 지루해하나요? (bored, why, with, class, is, P.E., he)
Why is he bored with P.E. class?

❸ 너의 아빠는 어떻게 파스타를 요리하니? (does, cook, dad, how, your, pasta)
How does your dad cook pasta?

❹ 너는 왜 현지 음식을 싫어하니? (hate, food, why, local, do, you)
Why do you hate local food?

❺ 너는 어떻게 감자 껍질을 벗겼니? (peel, you, a, how, potato, did)
How did you peel a potato?

 〈보기〉의 표현을 활용하여 우리말을 영어 문장으로 쓰세요.

〈보기〉
rainy days
choose
tall man
worried
important

❻ 그 안경을 쓴 그 키 큰 남자는 누구인가요?
Who is the tall man with the glasses?

❼ 그는 어떻게 영화들을 선택하나요?
How does he choose movies?

❽ 친구들은 왜 중요한가요?
Why are friends important?

❾ 너는 비 오는 날에 슬프다고 느끼니?
Do you feel sad on rainy days?

❿ 너는 왜 그 시험에 대해 걱정스러워하니?
Why are you worried about the test?

 밑줄 친 부분을 바르게 고쳐 문장을 다시 쓰세요.

⓫ <u>What</u> far is the bakery?
How far is the bakery?

⓬ Why does she <u>likes</u> art class?
Why does she like art class?

⓭ Where did she <u>exchanged</u> money?
Where did she exchange money?

⓮ Why <u>they were</u> curious about music class?
Why were they curious about music class?

⓯ How did he <u>cooked</u> *ramyeon* by himself?
How did he cook *ramyeon* by himself?

 우리말을 영어 문장으로 쓰세요.

⓰ 그 유명한 시장은 어디에 있나요? (market)
Where is the famous market?

⓱ 너의 겨울 방학은 언제니? (vacation)
When is your winter vacation?

⓲ 그녀는 왜 쉬는 시간 동안 잠을 잤나요? (break time)
Why did she sleep during break time?

⓳ 너는 어제 너의 개를 빗질해 주었니? (brush)
Did you brush your dog yesterday?

⓴ 그들은 왜 컴퓨터 수업에 관심 있어 하나요? (interested)
Why are they interested in computer class?

Hidden Pictures

미국에서는 집에서 쓰지 않는 물건을 파는 Garage Sale(차고 세일)을 자주 해요. 장난감, 책, 옷과 같은 물건에 가격표를 붙이고 차고(garage) 앞이나 마당에서 팔아요. 주로 주말에 열리고, 이웃들이 와서 구경하며 물건을 사요. 차고 세일은 물건을 팔기도 하지만 이웃과 어울리는 즐거운 시간이기도 해요.

● 아래 그림에서 숨겨진 물건들을 찾아 보세요.

숨은 그림: *glasses, skirt, watch, cap, boot*

정답 21쪽

MEMO

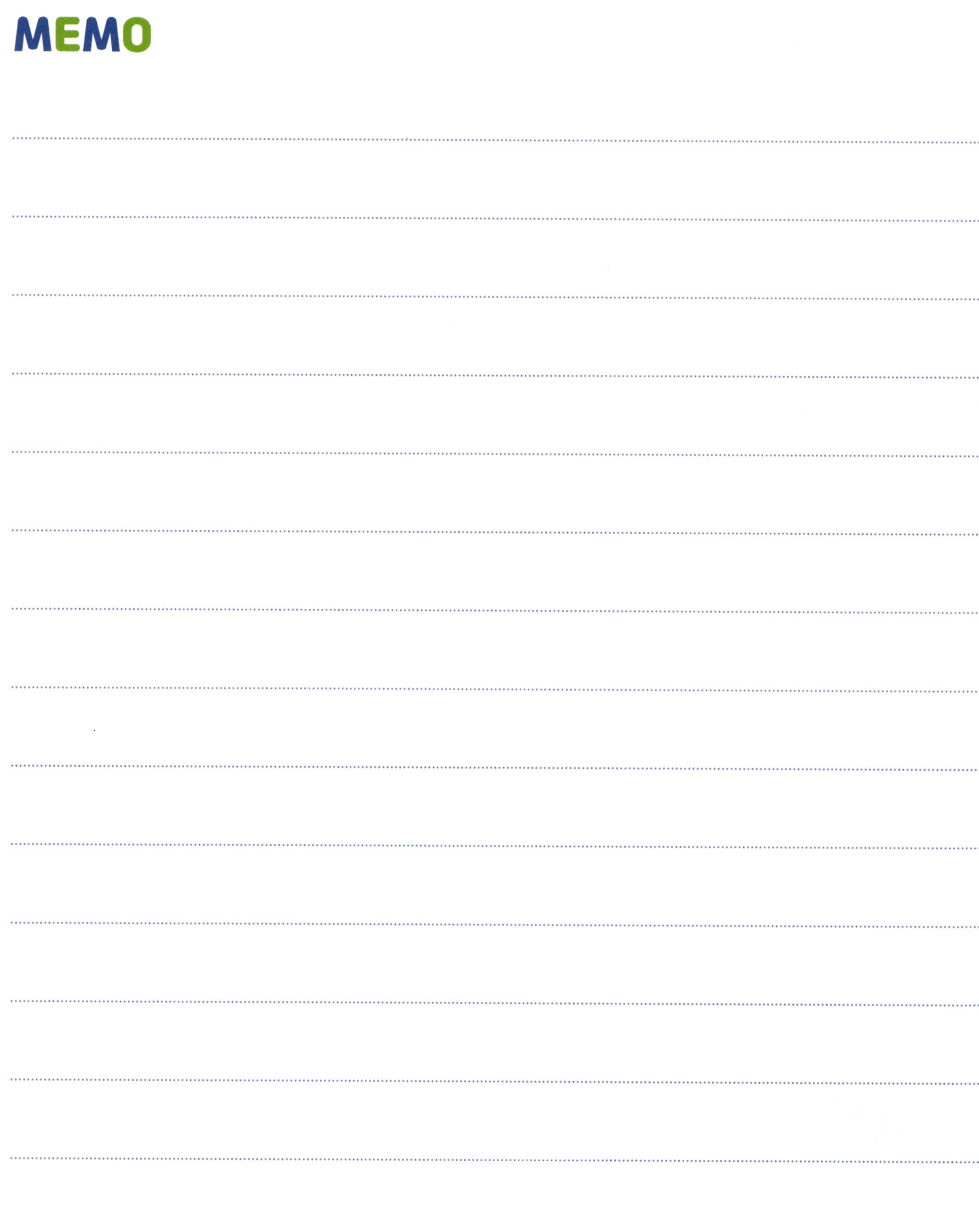

문법 · 쓰기

초등 Grammar Inside

많은 양의 문제를 통해
초등 영문법 기초 다지기

1 | 2 | 3 | 4 | 5 | 6

🔗 Grammar Inside

GRAMMAR BEAN

문법을 처음 시작하는
초급 학습자를 위한 문법서

1 | 2 | 3 | 4

GRAMMAR BUDDY

초등학생을 위한 문법 입문서

1 | 2 | 3

🔗 Reading Buddy

달콤한 SENTENCE WRITING

서술형 자신감을 키우는
문장 쓰기 기본서

LEVEL 1 | 2 | 3
LEVEL 4 | 5 | 6

듣기

능률 초등영어 듣기모의고사 10회

초등부터 중등까지!
영어 듣기평가 실전 대비서

4-1 | 4-2 | 5-1 | 5-2 | 6-1 | 6-2

초등영어 LISTENING TUTOR

주제별 표현 학습을 바탕으로
듣기 기초를 다지는 초등 리스닝 기본서

Beginner 1 | 2 | 3
Intermediate 1 | 2 | 3

예비중 · 중등

문마중

문제로 마스터하는 중학 영문법

Level 1 | Level 2 | Level 3

🔗 문마고

GRAMMAR Inside

많은 양의 문제로 체계적으로
학습하는 중학 영문법

Starter | Level 1 | Level 2 | Level 3

🔗 Reading Inside

JUNIOR READING EXPERT

앞서가는 중학생들을 위한 원서형 독해 교재

Level 1 | Level 2 | Level 3 | Level 4

🔗 Junior Listening Expert |
Reading Expert

능률 중학영어 듣기 모의고사 22회

전국 16개 시·도 교육청 주관
영어듣기평가 실전대비서

Level 1 | Level 2 | Level 3

NE능률 영어교육연구소

NE능률 영어교육연구소는 전문성과 탁월성을 기반으로
영어 교육 트렌드를 선도합니다.

이 보 영　선임연구원　　　한 윤 희　선임연구원
김 민 정　연구원　　　　　박 영 랑　연구원　　　　　김 지 은　연구원

SENTENCE WRITING 3 LEVEL

펴 낸 날　　2026년 1월 5일 (초판 1쇄)
펴 낸 이　　이정진
펴 낸 곳　　(주)NE능률

지 은 이　　NE능률 영어교육연구소
개 발 책 임　　백인경
개　　발　　이보영, 한윤희, 김민정, 박영랑, 김지은
영 문 교 열　　Curtis Thompson, Courtenay Parker
디 자 인 책 임　　오영숙
디 자 인　　안훈정, 오솔길
사　　진　　Shutterstock
삽　　화　　정민영
제 작 책 임　　한성일

등 록 번 호　　제1-68호
I S B N　　979-11-253-5196-2

대 표 전 화　　02 2014 7114
홈 페 이 지　　www.neungyule.com
주　　소　　서울시 마포구 월드컵북로 396(상암동) 누리꿈스퀘어 비즈니스타워 10층